Anglais mots cachés

Mots cachés bilingues français-anglais

Contenu

Publié en 2024 par Dialog Abroad Books

0921 002
2 4 6 8 10 9 7 5 3
ISBN 9783985522682

MOTS CACHÉS

Trouve les traductions anglaises des mots listés en français.

Les mots peuvent être cachés horizontalement, verticalement ou en diagonale, dans les deux sens.

Lorsque tu trouves un mot anglais, entoure les lettres pour le mettre en évidence.

Par exemple: **UN, DEUX, TROIS**

L	J	G	O	L	O
K	R	W	L	X	U
A	T	E	E	M	E
G	P	R	A	N	V
T	H	R	E	E	O
P	S	D	R	U	O

Les solutions se trouvent à la fin de l'ouvrage.

Amuse-toi bien et pratiquez votre vocabulaire anglais !

1

B	M	F	F	B	C	M	M	I	O	X	X	S	V	E	R	S	U	S	A
U	V	E	U	R	U	G	O	N	T	N	L	J	T	H	G	Q	C	M	I
O	Z	Q	T	F	X	T	E	Y	Z	J	P	I	J	R	Z	C	C	P	Z
A	P	X	S	O	U	V	T	H	B	V	O	K	A	G	A	Z	D	P	W
T	W	L	T	T	E	X	A	D	G	S	B	D	Q	E	R	I	X	N	W
X	I	W	E	X	X	H	R	Y	P	G	D	I	S	C	W	H	G	A	A
C	H	H	O	H	X	W	Z	L	B	J	Y	D	G	V	N	G	G	H	L
A	Y	M	W	D	O	X	T	M	D	I	M	N	N	Z	G	I	Y	M	T
L	U	S	P	K	N	T	C	X	T	P	H	N	Z	A	L	Q	D	I	I
C	O	M	M	U	N	I	T	Y	B	C	F	P	Z	D	R	U	J	F	E
M	Q	H	J	X	F	W	W	Q	L	S	E	M	V	T	Z	P	B	L	R
L	Y	W	H	A	Q	I	K	G	K	O	I	F	O	B	I	E	A	H	X
M	G	N	O	R	W	I	R	Q	N	I	O	P	R	D	J	E	L	A	S
K	T	B	D	Y	Q	R	S	S	Z	D	D	H	I	E	R	P	V	P	G
T	E	H	O	B	V	H	Q	O	T	A	E	A	C	P	P	R	Y	Q	F
E	P	B	H	P	G	W	L	Q	I	N	S	L	S	S	D	M	W	D	F
O	H	O	C	L	U	B	K	N	R	N	K	F	D	U	C	R	I	I	X
J	U	R	T	A	O	S	P	T	R	K	O	F	J	W	N	A	Y	R	U
Z	D	C	Y	P	K	S	T	T	O	Q	U	Z	X	I	X	L	P	O	Y
B	J	Z	X	I	M	E	A	M	J	G	J	A	U	I	S	A	T	P	M

LA COMMUNAUTÉ
RÉEL
IMPARFAIT
L'ALARME
CONTRE
DROIT
AIDER

LA FENÊTRE
MÊME
LE BUREAU
LE GÂTEAU
FAUX
D'ABORD
L'ÉCOLE

2

N	N	V	E	U	D	E	Z	D	C	A	W	I	Y	V	Y	E	P	P	X
U	I	F	C	C	X	O	K	G	O	X	N	V	K	E	U	J	X	P	U
F	I	D	L	H	R	K	E	Y	B	O	A	R	D	W	E	Z	A	T	M
X	N	X	F	E	D	B	S	L	B	H	G	K	A	Y	Z	B	T	S	A
L	N	T	S	X	G	S	L	X	V	G	B	M	G	F	N	P	C	S	B
G	C	U	O	Q	D	Y	I	L	N	G	C	O	A	P	L	O	A	T	Y
J	L	P	J	R	J	I	Q	S	I	N	F	E	I	K	O	W	B	N	Z
T	R	H	C	N	E	X	A	S	H	K	J	F	N	Z	E	E	B	X	G
P	D	U	Q	D	V	L	B	G	O	A	O	Q	S	B	V	R	A	T	G
E	I	B	E	N	H	O	Y	P	U	K	D	T	T	G	Q	U	G	T	U
C	M	Z	A	I	C	G	V	D	F	O	K	E	D	U	Z	Y	E	R	B
I	K	A	O	F	A	B	Y	H	X	M	A	I	L	B	O	X	M	T	E
T	R	E	T	O	R	K	I	K	M	E	D	B	O	L	D	Z	D	V	L
C	L	F	G	T	L	G	S	Q	V	L	P	K	C	L	A	R	I	N	E
A	J	Q	T	O	Q	B	Y	I	S	X	M	G	G	S	D	L	Z	S	O
R	E	S	J	A	L	R	R	V	U	Y	R	H	Z	D	A	B	R	I	Q
P	E	B	C	A	J	R	P	K	G	W	V	U	W	J	Y	D	S	G	X
O	U	R	L	V	A	K	H	Q	F	I	L	H	N	C	C	Z	S	K	V
T	E	N	T	O	H	P	C	U	J	L	O	X	K	E	A	H	V	B	R
K	W	W	T	D	U	Z	A	N	V	K	K	Q	Y	M	E	A	T	Y	M

COMPTER SUR
CONTRE
L'OMBRE
LA PUISSANCE
LA BOÎTE AUX LETTRES
VIVANT
TROUVER

LE CHOU
TUER
S'ENTRAÎNER
LE RÉSULTAT
LE CLAVIER
ARRIVER
LA VIANDE

3

W X U Y U L O Y R T N U O C T P Z I K V
F T O E M B A R R A S S B C E R F E K N
R G L Z L Z D Z Q M G J V C I A K R R E
P O X W C C K U B B A A X C N H R K C O
Z R J Q X T P J K L Q T R Z O S U X N Z
Z K R N B L S J V J G F M O P G V W S V
V Z C J W A J Y H U Y T R A U Z O O Z W
E M C P C J I E O V C W M O S N H B D H
M U R J V T E P C R T Z H R D I D B M P
Y D Z E G N X J A N S P Q Z L H A R R L
F S S W Z Z W C N E P F Z D K T Q S E K
P I N R N K K L P Q P U S S E M O T B I
X Y T R I D C V F O M U V E F F O R T J
U T Q X W Y I A C Z J I V W M H H W B M
T B N P Z I G I R A T B G S J I T A S Z
L R M E E N C A B H N Y R P V U T B M Q
H L U F L Y O D H E G X G Q I P B K R N
F N A A X I S F N N G M O U N T A I N E
P B W I R L S U W M M Z X R W H R B U A
X U V F C I C I G A R E T T E B Q N A R

L'EFFORT
L'HÔTEL
GÂCHER
AUTOUR
POINTU
LA CIGARETTE
SILENCIEUX

EMBARRASSER
LA CARTE
LA FISSURE
PRÈS
LE PAYS
LA MONTAGNE
SALE

4

L I G R T H E K E P A R G Q E O S D G I
Y C N U O B V Z C H S Q B Y F A G V S F
C A D C M W W F Y D M C U Q N W X N N E
L M W G O I C W J G P V K D I I S M G Y
B U O L T F K S V T E M P E R A T U R E
K U D O N B O G Y H O O S R J S Z R J X
D X N T Y L R C C K J K B C C H F E O P
S O X M S M K D B H U I O E H D M T Z O
D O L O G E Y M B S T U U B Q D K N X P
L K C T V T H V C J K L F Y Q T Y I F U
Q S W Y R S W C Z Y Q U I L K S K W S L
U S H E C Y Z V K U A F O E L U W J N A
X U X F Q S X I C K T Y G V X D W D E T
U B D X S C I K R V B E Z I O J O T I I
Z U L E H A J F O L B B L L D U S T Y O
O K X Z L O R W T S Q K P V L L W P C N
H N A G U R I M I W N Z J F R V U M P Z
H F U E Z J K V S H D F Y E D K S F N O
Z D L S I J R K I F A B N O U X L D O J
I M L G P J E Y V N C T X A F U Z Z V F

LE RAISIN
POUSSIÉREUX
ACQUIESCER
LA TEMPÉRATURE
LA POUSSIÈRE
LA POPULATION
GONFLABLE
VIVANT
LE SYSTÈME
LE CHAPEAU
LE SOLEIL
LE SABLE
LE VISITEUR
L'HIVER

5

V	A	J	D	T	E	O	R	D	K	C	D	N	Z	U	E	C	M	V	J
T	J	A	B	E	D	S	E	R	W	L	L	A	B	P	D	I	V	O	E
Y	P	C	X	K	G	W	T	K	O	D	N	N	Y	C	M	F	S	F	R
Y	Z	C	F	R	C	N	F	O	J	X	Y	Y	R	Y	P	D	T	S	U
A	L	I	Q	D	O	F	A	E	F	D	N	N	N	C	O	O	X	Q	T
T	Q	D	U	W	K	E	E	R	D	O	U	Z	X	T	D	I	Z	V	A
Y	S	E	I	N	K	V	N	F	R	G	O	F	A	R	P	U	C	F	M
G	Y	N	C	T	B	E	D	D	P	A	K	L	E	D	M	A	K	D	F
J	G	T	K	P	F	P	R	V	X	T	O	A	J	T	Q	D	S	C	V
S	L	V	X	X	H	P	K	S	I	D	M	T	J	F	Q	U	A	T	O
J	A	J	W	I	S	W	T	S	B	P	R	X	J	H	T	C	H	B	O
L	K	I	O	U	A	E	F	D	B	O	V	O	D	Q	A	M	T	J	M
A	A	K	C	E	Z	F	B	F	A	R	P	B	C	S	B	M	N	Y	X
F	E	O	R	U	N	S	A	X	T	B	D	P	O	E	X	Q	O	O	G
J	C	B	E	B	T	D	E	S	J	F	L	M	O	C	R	Y	M	X	A
S	F	G	M	B	I	Y	S	E	S	D	Q	O	S	S	J	O	T	G	R
V	V	C	M	O	B	U	L	G	M	G	T	Z	W	U	I	A	T	L	Y
T	L	N	U	M	G	P	H	N	H	Y	Z	N	P	J	U	T	H	E	L
L	J	W	S	B	F	O	B	Q	A	K	P	F	P	B	I	Z	E	A	S
K	G	R	J	N	B	T	R	M	J	S	L	A	Y	R	F	K	O	W	D

L'ACCIDENT
LA DETTE
MATURE
LA BOMBE
APRÈS
ORGANISER
CONTRAIRE

ENREGISTRER
L'ÉTÉ
RAPIDE
LE MOIS
POUR TROMPER
PASSÉ
RÊVER

6

N	Y	S	M	K	C	Q	I	B	P	T	N	F	A	O	X	K	D	C	E
B	I	J	B	I	E	N	B	E	N	U	O	R	Y	V	E	K	L	X	Z
W	Y	H	W	Y	W	H	G	M	W	R	C	S	I	T	S	M	A	L	L
M	A	J	C	R	O	T	N	N	W	Q	R	K	A	L	I	U	Z	K	S
T	T	Q	U	W	Z	C	H	L	I	J	P	T	G	Y	G	K	S	F	P
X	I	Y	L	P	G	D	K	G	A	R	H	I	G	N	O	F	G	F	E
B	R	G	J	P	Q	J	J	R	I	X	O	E	K	X	L	P	L	K	R
A	D	D	V	R	O	V	A	L	F	N	L	B	S	O	O	Q	M	X	F
N	X	H	P	G	E	X	Q	C	N	P	D	E	N	Y	P	E	S	G	U
G	W	N	L	T	B	W	E	T	O	S	X	I	P	I	A	R	X	Q	E
L	Q	P	A	F	C	A	W	E	N	G	C	M	M	V	O	R	T	D	C
W	L	N	Y	H	H	E	P	K	S	E	S	C	S	S	T	A	B	P	I
T	N	Q	G	K	B	U	E	Y	F	K	M	R	T	X	P	Z	Z	A	F
N	K	Q	R	L	M	I	I	L	Z	E	G	U	V	O	D	I	I	V	K
Y	I	U	O	S	B	U	N	J	C	C	P	T	R	Y	I	B	I	S	F
U	P	A	U	N	T	X	S	H	A	N	R	H	L	T	M	Z	S	E	B
D	I	N	N	O	T	L	I	U	N	Q	E	F	G	D	S	F	Z	V	T
U	F	V	D	U	Q	B	D	Y	L	A	B	D	C	F	C	N	N	I	G
Z	U	P	W	U	B	A	E	D	R	Z	O	G	N	U	I	Z	I	Y	Q
D	O	O	W	S	D	T	D	T	N	O	T	X	K	W	I	F	I	Z	V

L'INTÉRIEUR
LE CŒUR
DIRE
ENNUYEUX
LES GENS
L'INSTRUMENT
PETIT
BIZARRE
LE BOIS
LE TERRAIN DE JEU
LE GOÛT
S'EXCUSER
LE MINUIT
LE MENTON

7

T	C	T	Y	U	P	S	V	K	Y	H	F	H	A	L	G	H	B	L	U
H	X	Z	W	B	U	X	D	Y	Y	I	E	K	S	Q	R	H	Y	I	Y
R	U	E	V	O	P	K	T	R	Z	O	Q	F	I	B	P	R	H	C	N
T	X	F	R	S	T	E	U	M	U	P	W	R	T	Z	P	U	O	T	A
L	C	M	I	Z	I	W	V	R	D	A	Y	O	E	B	V	L	Z	Q	P
S	U	P	B	R	B	D	M	L	K	H	R	T	I	G	O	D	D	P	M
L	F	L	A	P	W	W	H	Z	D	U	A	C	E	R	P	C	P	R	O
M	G	V	A	A	B	Y	T	O	F	T	S	O	W	Z	L	Z	W	I	C
I	H	T	W	X	Q	X	W	F	S	S	S	B	E	N	T	A	L	O	Z
D	D	E	Q	X	W	H	T	E	A	X	A	W	K	H	N	E	B	R	I
V	E	N	B	Z	B	P	K	R	P	C	O	M	P	U	T	E	R	I	T
C	Q	A	G	O	A	X	G	H	Q	H	Y	J	H	O	Z	I	H	T	O
Q	F	L	R	P	F	P	S	L	N	R	J	E	S	D	N	G	A	Y	Z
B	X	P	P	H	C	B	J	X	A	P	C	U	O	E	P	B	T	U	M
T	D	P	A	G	E	O	K	N	T	L	L	V	R	I	U	S	O	U	Z
P	R	L	K	E	I	L	I	S	C	S	R	M	F	Y	I	S	Y	E	H
W	G	J	O	B	M	D	S	A	X	B	S	B	J	Q	A	K	M	Z	E
L	O	N	P	P	R	P	I	T	T	I	B	E	W	W	G	P	E	I	R
A	X	H	Z	O	J	I	P	O	Z	P	M	T	L	K	K	A	B	Y	G
E	T	O	S	C	A	T	T	E	R	Z	U	X	G	U	I	P	Q	X	N

LA PAGE
L'ORDINATEUR
LA PLANÈTE
LA PRIORITÉ
COURBÉ
LE SPECTACLE
ÉPARPILLER

ORDINAIRE
LA VARIÉTÉ
LE DOMAINE
L'ENTREPRISE
LA COULEUR
VIEUX
L'HERBE

8

O	F	T	S	F	Q	G	L	M	W	N	Y	V	A	E	H	Q	V	U	M
U	J	U	W	M	Y	J	T	U	A	G	W	M	M	P	L	E	A	F	D
T	Z	O	P	U	V	X	D	A	N	E	O	Z	L	D	G	M	C	X	X
F	Q	Y	E	C	J	U	N	U	D	I	R	T	X	Z	Z	F	S	X	K
E	A	M	D	R	V	Q	A	Z	Z	M	U	V	Y	D	F	L	N	E	X
P	W	B	S	J	P	J	H	T	F	P	A	T	U	R	U	C	E	X	W
W	I	T	P	M	K	O	T	L	Y	Z	G	E	S	F	R	W	S	U	M
M	S	P	Z	N	Z	I	L	L	Z	L	J	L	Y	I	F	L	N	N	V
T	O	V	A	N	I	S	H	X	E	T	P	L	W	T	X	F	K	T	K
I	T	D	F	U	X	G	I	G	D	H	U	D	H	L	G	E	J	I	H
M	U	T	D	V	H	J	A	G	R	R	B	E	P	T	N	H	O	L	K
K	H	Z	R	O	D	C	Y	D	L	B	B	Y	P	T	E	Y	X	T	U
Q	S	K	A	I	A	S	U	T	F	Q	N	T	M	D	P	T	N	S	N
L	B	J	D	T	C	J	H	U	W	Q	G	O	I	S	B	C	P	P	K
L	I	O	N	Z	T	K	F	C	Y	X	R	S	T	O	H	A	N	G	K
T	G	R	E	O	D	U	Y	G	W	F	T	M	I	A	Y	R	G	I	J
M	X	W	L	C	O	Z	X	G	V	U	G	O	P	Y	Z	T	C	S	N
U	J	S	A	I	M	L	F	A	O	A	L	K	W	G	G	N	D	M	I
K	A	W	C	H	E	S	S	H	M	A	W	E	J	S	C	O	C	O	I
U	K	S	F	W	O	Q	B	M	H	J	V	Q	K	U	N	C	B	R	P

DISPARAITRE
LE CALENDRIER
LA SEMAINE
FERMER
QUE
L'EXTÉRIEUR
LOURD

JUSQU'À
FUMER
LES ÉCHECS
LE CONTRAT
EXISTER
PENDRE
DIFFICILE

9

X	E	X	O	P	E	R	H	Y	K	X	V	K	B	V	R	L	V	T	B
Q	T	T	V	P	W	I	Z	I	Z	Q	Y	W	Q	Q	P	I	V	P	H
A	A	L	Q	C	I	U	Q	E	Q	P	S	G	C	Q	L	W	N	I	G
M	H	S	W	Z	U	K	M	R	G	N	I	L	T	S	U	B	O	E	W
S	O	Y	H	V	U	O	V	U	U	K	K	K	O	R	H	O	U	C	I
P	T	B	W	N	T	F	R	G	B	G	N	G	L	N	Y	A	Q	E	Z
S	F	X	R	Z	F	K	S	C	X	R	Q	P	S	S	W	G	M	R	D
F	R	Q	N	I	A	F	U	K	H	Y	M	T	M	O	B	N	X	I	R
A	O	I	M	N	A	R	F	A	N	D	K	E	C	T	X	S	R	A	B
E	I	T	L	T	U	M	N	K	Q	I	I	I	Q	L	U	T	Q	S	W
Q	P	N	Z	L	D	J	Z	R	V	S	I	S	A	Z	N	A	B	L	F
T	K	X	A	Z	T	T	M	F	W	A	R	N	F	Q	A	T	Q	W	E
O	X	W	C	B	D	F	Y	T	I	S	R	E	V	I	N	U	Y	T	N
M	D	A	N	G	E	R	O	U	S	T	V	Y	M	D	B	X	V	Y	I
U	Y	N	E	C	G	T	T	P	T	E	D	S	Z	J	R	X	I	Y	H
R	Q	D	S	Y	X	J	S	X	S	R	W	Q	B	M	K	E	B	C	C
D	E	F	I	V	E	U	R	F	C	O	O	G	X	E	Z	I	K	I	A
E	F	E	N	T	Y	O	A	P	I	C	B	B	O	F	I	J	O	Y	M
R	T	A	S	T	Y	E	S	U	F	N	O	C	O	T	Z	S	E	C	L
W	K	D	Z	Q	V	W	E	A	L	T	H	Y	T	D	T	C	F	K	Q

SAVOUREUX
L'UNIVERSITÉ
CONFONDRE
ASSASSINER
RICHE
LA SALETÉ
ANIMÉ
LE TICKET DE CAISSE
DANGEREUX
LE DÉSASTRE
RANGÉ
DÉTESTER
L'OEIL
LA MACHINE

10

Z T S F G U E E M M A Z A R M Y E K O C
R V T K C W S O Y F F R N N H B U B S C
F A V R D W U I R N J V G O H Z L N I O
M Q G O E N O K O M C P L B U C A E C M
X G O O J D M B I Y L J K B J T V A D B
G O Z F Z S I L K N B D P C E W A E G I
Q Q C Z J Y H U I M V Z G P B O Y R C N
T I W O I Z G S G S B J I Q Q W D G S A
I H X K D B O T T O M X Y K Y Q R P H T
V L A R Z X T F G O T T H A T X B J F I
J Q I M N Z C W B X R H M L W S N H U O
X L S Y T J U I C Y T Q K X O Y W G R N
Y E K Y K Q F Y D J A U D I M Z Z U L Z
M A Y B X T W C N U B O V B H U C A P L
J W W K P J C D Z W X R E G A K Z L H W
T V S I D E W A L K I V C X X W H O L R
X F I K R D L I K T O S U G G E S T X D
X L L O N Z T D Y F J Y V K X W Y U H M
A K Z Z E M O S E U R G H F V U B K C O
W P R O P E R T Y X W U E I Y A D S T J

SUGGÉRER
LA COMBINAISON
L'ARMÉE
LE CHEMIN
LA PROPRIÉTÉ
LA VALEUR
RIRE
LE TOIT
LA SOURIS
LE TROTTOIR
LE FOND
GUIDER
JUTEUX
HORRIBLE

11

N	O	I	T	A	S	R	E	V	N	O	C	P	A	M	X	M	X	H	S
R	Q	C	Z	Z	J	P	S	F	Z	P	A	I	N	T	I	N	G	V	S
M	J	S	E	B	Z	B	N	T	W	H	O	L	E	L	O	D	U	Y	L
P	U	K	V	T	O	S	T	R	O	K	E	E	Z	G	C	R	W	G	K
B	U	D	S	S	B	I	D	I	X	Q	L	E	T	T	Y	D	M	G	C
Y	L	N	K	E	T	A	R	A	P	E	S	O	T	I	L	C	G	C	Y
P	E	J	E	Q	F	X	V	K	V	Z	V	G	A	P	L	Y	O	Z	E
D	H	S	E	J	B	Q	J	Y	D	F	W	R	B	W	F	O	N	Q	W
J	L	S	E	L	T	S	E	R	W	O	T	W	R	G	Q	X	P	F	X
R	Q	K	I	V	S	R	U	C	Q	I	G	A	F	A	O	O	O	C	W
H	Q	X	O	A	K	U	I	P	S	E	C	O	N	D	H	A	N	D	B
W	T	Z	M	I	Q	V	I	N	M	K	E	R	X	U	U	W	C	K	A
L	O	N	A	J	H	G	R	M	L	D	K	B	E	O	M	T	A	L	L
N	N	E	L	N	P	T	L	M	T	D	D	J	K	J	O	W	J	A	F
Q	L	L	O	V	W	E	W	E	K	D	P	B	A	E	R	D	R	O	G
K	U	G	A	T	E	K	A	H	N	V	F	D	R	X	X	R	C	U	T
Z	X	N	W	K	I	R	D	W	W	R	R	Z	E	U	D	A	G	D	I
M	D	S	L	E	F	E	C	I	S	C	K	E	B	R	T	I	Y	E	E
H	B	S	T	U	N	J	O	W	S	Q	Z	S	O	I	O	N	K	A	A
M	Y	H	L	X	L	G	D	Q	S	S	V	T	U	N	F	Y	F	I	V

LA PEINTURE
GRAND
PLUVIEUX
L'HUMOUR
LA PORTE
FRACASSER
D'OCCASION

LUTTER
SÉPARER
ENSEMBLE
SUR
POLI
EN LARMES
LA CONVERSATION

12

W	O	S	M	J	X	L	R	O	O	R	H	R	V	P	X	S	S	K	G
E	X	S	I	H	P	P	X	S	Q	D	O	D	Z	E	K	U	A	Z	C
J	L	L	E	B	Z	Q	U	L	V	C	K	G	B	S	K	M	K	E	M
S	V	B	T	R	O	Y	A	L	J	Y	I	G	C	D	L	E	P	I	O
L	G	G	I	Z	W	W	P	K	Q	O	F	Z	D	V	E	D	E	C	U
B	E	T	S	A	T	O	T	S	V	U	C	B	I	S	H	I	K	P	M
V	V	D	I	E	E	B	D	O	A	J	L	I	R	K	V	C	D	E	H
S	B	M	V	I	M	T	I	X	G	I	R	O	Z	M	K	I	N	P	C
E	V	C	O	N	E	Y	K	E	J	T	K	J	F	P	F	N	O	I	N
A	I	T	T	V	B	J	T	O	W	U	I	J	H	Z	G	E	C	C	U
E	Q	P	I	E	W	D	N	U	O	R	I	S	A	U	I	R	E	E	P
M	M	O	Y	S	P	B	K	G	Q	O	E	B	Z	X	S	S	S	R	O
L	E	E	D	T	X	I	K	G	W	C	W	I	E	E	P	N	B	B	T
I	A	O	Z	M	U	D	S	D	O	D	C	R	R	I	R	T	M	Z	S
I	U	C	R	E	P	I	L	T	R	S	E	T	Q	B	C	V	U	I	L
R	E	J	U	N	D	M	E	N	E	F	Y	H	S	B	E	E	A	O	J
X	E	X	D	T	Q	C	Y	Z	D	I	X	D	A	U	B	F	B	S	F
W	D	E	Y	T	A	R	E	C	I	R	W	A	J	S	L	E	G	U	J
J	C	U	U	L	I	A	E	Q	P	V	T	Y	O	D	Z	B	B	U	I
N	A	Y	P	F	H	Z	E	O	S	O	G	R	G	E	L	W	S	E	Y

FRAPPER
LA RECETTE
DEUXIÈME
ROYAL
LA MÉDECINE
GOÛTER
ROND

L'ARAIGNÉE
LE LIEU
VISITER
L'ANNIVERSAIRE
LA GLACE
L'INVESTISSEMENT
LA CLOCHE

13

W	S	S	T	A	O	L	F	O	T	Q	W	N	E	C	J	A	V	M	Z
G	J	F	E	S	C	W	F	F	G	F	X	G	O	P	E	P	M	L	H
C	D	G	Z	C	R	P	O	L	O	X	L	I	S	T	D	Z	V	E	E
T	T	T	S	T	U	Y	F	B	D	K	Z	S	U	X	U	M	H	B	H
D	C	Q	T	W	F	R	F	P	S	N	S	G	N	I	H	T	H	T	X
Y	W	V	W	B	R	T	I	R	H	C	Z	U	I	Y	E	R	N	B	L
Q	W	N	L	X	Q	K	O	T	R	Q	A	W	F	Q	A	O	M	Y	Z
O	Y	O	V	N	E	X	G	D	Y	W	K	R	J	G	K	E	Q	O	C
X	M	P	O	X	V	D	N	Y	E	B	R	G	Y	T	A	Y	N	M	M
E	F	I	V	T	S	T	F	V	K	S	H	G	W	X	Q	I	T	D	S
N	E	R	Y	Q	F	G	S	X	H	Y	T	T	O	M	T	V	O	N	C
S	A	G	D	S	R	N	A	L	B	R	H	R	O	U	W	Y	T	J	D
U	M	F	T	X	N	I	D	L	P	R	V	V	O	G	D	J	N	S	I
R	Z	E	N	A	E	N	T	T	O	N	R	H	F	Y	S	O	D	X	Q
Z	F	H	G	L	T	N	O	E	U	L	K	M	D	V	I	X	B	B	G
B	R	Z	D	E	T	I	U	I	G	T	S	G	V	T	I	E	J	B	I
U	B	C	I	R	O	G	F	P	V	V	X	Z	D	F	R	S	N	W	A
F	A	N	H	O	R	E	T	P	E	R	S	O	N	X	B	E	B	E	N
Z	B	J	Q	T	Y	B	U	L	I	K	D	M	O	C	D	E	E	B	T
Z	Q	A	M	V	T	M	X	E	D	Z	Q	M	E	S	G	H	F	R	R

DÉTRUIRE
POURRI
EFFRAYANT
SE RELAXER
L'ARBRE
DÉSACTIVÉ
LA FIN
LE DÉBUT
FLOTTER
LE GÉANT
LE SIGNE
LA PERSONNE
LA CHOSE
LA SÉCURITÉ

14

B	L	R	O	T	B	W	C	H	U	P	S	L	F	B	O	P	Y	C	V
S	V	R	Z	T	J	O	O	N	B	W	X	K	L	Y	P	R	F	Z	E
K	A	K	R	O	T	B	M	N	P	S	T	C	E	F	K	H	D	Q	A
N	A	E	L	P	Y	L	W	X	W	U	Q	A	E	H	C	F	V	W	R
F	T	Y	K	L	S	E	T	U	I	Z	L	T	G	U	A	I	V	H	W
E	D	T	D	A	T	S	Z	W	V	Z	R	E	Q	H	N	E	O	C	K
H	M	B	E	N	A	B	T	J	P	L	F	G	T	C	S	Q	Y	X	Q
A	T	Y	L	L	T	D	M	Y	H	B	S	O	C	H	P	F	F	G	E
I	B	R	L	L	E	S	V	I	H	J	H	R	R	E	F	K	C	H	I
R	B	R	J	T	M	G	H	V	O	U	X	Y	E	O	I	T	L	U	W
C	I	E	D	R	E	G	N	T	R	V	A	T	L	R	T	L	B	M	T
U	T	X	O	T	N	F	E	R	T	R	S	E	I	T	D	K	I	O	Z
T	Q	N	F	L	T	P	Y	D	K	O	O	B	T	C	V	Y	A	W	N
G	U	S	H	M	P	Y	H	G	D	T	I	D	B	Q	D	B	Q	E	L
J	I	D	N	U	X	P	W	S	Z	V	M	H	G	E	C	R	E	I	F
Y	J	R	Y	A	A	L	Z	H	K	O	D	A	N	M	W	O	B	R	T
R	A	Y	V	Z	Y	A	B	T	C	Q	A	L	L	E	R	B	M	U	X
A	Q	H	L	F	C	N	S	E	D	L	S	G	Q	J	T	O	F	H	C
P	T	Q	D	J	V	T	A	L	C	M	F	G	U	S	U	F	F	H	J
V	F	C	U	I	R	N	Z	M	B	H	M	A	P	M	A	Z	S	P	K

MAIGRE
LE CASSE-CROÛTE
LE PARAPLUIE
PLANIFIER
SE DÉPÊCHER
FÉROCE
ABRUPTE
LA COUPE DE CHEVEUX
LA DÉCLARATION
LE LIVRE
LE COUDE
L'OCÉAN
LA PLANTE
LA CATÉGORIE

15

K	Y	Z	J	C	U	W	W	M	I	Z	R	H	B	K	L	C	J	N	X
H	F	J	X	E	X	D	Z	X	C	P	O	L	W	G	D	Z	Z	D	U
S	A	U	B	V	C	I	I	J	Q	V	M	L	M	K	T	M	H	X	J
R	Z	G	P	L	E	Q	H	Z	T	I	A	L	J	C	Z	U	V	M	Z
A	G	S	F	W	C	D	K	A	T	K	N	O	M	P	M	I	B	Z	P
H	E	Q	P	O	D	V	Z	B	O	V	T	A	S	M	K	H	H	E	P
F	S	F	O	H	S	R	R	M	X	Z	I	M	D	Q	P	E	F	K	Z
E	V	L	K	Z	X	B	A	P	H	S	C	P	Q	G	W	O	J	Y	H
B	X	G	D	H	F	E	X	W	V	X	B	N	E	N	C	D	C	X	Q
T	B	E	F	W	D	Z	S	Y	E	P	Y	G	B	L	O	C	D	V	M
B	S	E	V	E	N	T	Q	A	J	R	H	P	M	J	J	H	R	H	W
V	C	Y	T	O	S	O	N	G	E	S	X	C	J	G	P	U	L	U	F
F	I	B	N	Z	L	M	T	V	D	R	Y	U	J	Q	F	E	N	S	R
X	T	G	C	I	I	N	O	D	M	S	C	U	O	K	U	H	I	Q	Y
M	I	E	N	R	T	D	R	A	I	N	Q	N	A	N	F	B	B	V	J
M	L	E	K	D	Y	E	E	N	Q	R	U	W	I	G	D	Y	A	E	Q
R	O	Q	C	I	N	V	P	G	J	K	T	O	B	O	A	S	T	L	U
I	P	S	A	H	L	M	E	L	F	U	U	M	T	G	T	A	U	B	N
K	G	Z	B	I	R	O	A	I	F	L	G	V	M	R	J	C	O	O	Y
C	D	O	S	K	Y	L	T	C	C	D	R	O	T	A	V	E	L	E	Y

RÉPÉTER
LE TIROIR
LE DRAIN
L'ASCENSEUR
LE FILS
L'ÉVÉNEMENT
SE VANTER

COOL
MINUSCULE
ROMANTIQUE
RUDE
AIMER
LA POLITIQUE
AUGMENTER

16

```
H V N E X S X V Q L E P Y Q Z Z I P X N
N Y Q W W Y H W C S D A F F S B N P P O
T L Z R O U E M J Q T W C E N Q I G I I
Q T B L S N C K Q F W H H A S V U O X S
F J B K Q F K U P E N X V J D T R J Z I
L L S Q V L A N X A C T G V J O I L S C
A X V C K D M D U S F I J G H D A I I E
Y J V U W X O K L Q I E E O X I J Y H D
R P U I C L N D U P Y Z F C F S N E Y U
B F C K G V G F F P W I G R N E P R Q A
G I B T F O X M S O L I E G X A W E T W
F B X E F C G Y S U A G I I C S T O O N
O S V A R O O S E K S R N M A E Q S B M
A Q S A V R S U C H C E P N D N N Y I B
N M Y O N R L A C Y E G T G Z X P T A D
X O T P D P K U U X M N R I N F B N A K
N L V F M Z O N S R I A I Y B N J C G G
A F O U N D A T I O N R O A S T E D D P
M L R L O B S X Y E X T Z Y B T V H I E
T E H J P T N L B N D S R S G I Q D R C
```

LA MALADIE
LA FOURMI
RÔTI
LA DISTANCE
GRAND
RÉUSSI
LA DÉCISION

LA FONDATION
INCONNU
PARMI
DOUX
L'ÉTRANGER
LA TANTE
LE CRAYON

17

X	Y	R	L	V	K	Y	W	O	L	L	A	H	S	T	V	I	U	G	R
B	F	S	V	E	I	S	W	L	G	P	Y	L	V	Y	G	E	U	Z	Y
E	O	F	N	M	Q	G	S	B	M	M	K	O	C	D	X	V	I	Q	W
T	D	X	F	A	O	Q	Q	X	O	F	T	I	S	C	O	A	N	T	H
T	O	E	X	D	U	W	O	N	S	O	T	A	L	A	S	Y	Z	Q	I
R	O	U	P	I	T	T	R	Q	B	A	M	U	W	O	R	G	O	T	W
G	X	H	R	E	O	O	Y	O	C	A	D	Y	H	V	L	O	Y	N	C
D	L	R	Z	I	T	S	E	N	U	I	H	Q	X	V	T	I	C	M	K
U	E	J	B	F	K	U	V	M	N	T	K	Z	N	R	U	D	H	G	W
L	L	R	E	O	L	S	V	G	P	L	E	A	I	I	J	F	E	Y	K
D	R	L	D	R	O	P	T	U	B	T	Y	C	O	W	B	B	W	L	T
H	I	P	L	R	A	E	P	W	A	N	Y	P	O	A	W	M	I	D	E
X	W	F	A	P	U	N	Z	Q	B	D	K	J	E	M	B	M	P	E	Z
B	X	Q	J	T	O	D	N	J	G	P	T	X	C	D	V	O	E	N	O
H	S	S	I	K	H	E	E	V	S	H	E	Q	N	H	N	V	U	R	T
M	M	L	P	R	L	E	V	G	L	K	O	R	E	Z	M	L	F	T	K
W	H	L	B	G	L	W	T	Y	B	C	M	T	I	K	R	X	I	B	Z
U	K	O	C	N	F	T	K	I	J	G	H	T	D	Q	K	O	W	Q	X
C	N	B	S	H	W	J	X	W	C	Y	M	H	U	G	Z	G	B	Z	R
N	B	Q	T	R	K	B	Y	N	E	J	F	Q	A	T	K	A	P	L	M

À L'EXCLUSION
L'ÉCUREUIL
PEU PROFOND
L'AUDITOIRE
PATHÉTIQUE
LE BAISER
À PROPOS
LE LAIT
NEIGER
À VIDER
LA GAUCHE
SUSPENDRE
GRANDIR
LA ROUTE

18

G	F	W	H	A	Y	Y	I	K	X	E	E	W	F	P	Q	R	X	X	A
S	B	D	T	F	A	G	Q	D	O	A	V	H	V	G	F	P	F	O	T
M	X	M	R	H	K	Q	P	Z	Q	Q	R	I	E	N	G	Y	H	M	K
V	W	L	B	A	M	N	V	I	S	Q	L	L	E	Z	U	H	J	D	N
S	V	J	Y	L	H	F	G	D	Y	A	V	H	J	C	F	Y	V	W	O
W	T	V	O	F	O	I	B	F	Q	B	Z	Q	D	H	E	U	F	S	W
T	P	Q	J	M	R	K	F	X	H	E	Z	X	S	K	C	R	T	H	L
Y	C	M	N	R	R	F	G	U	T	O	A	V	O	I	D	H	O	Z	E
Z	X	L	E	A	I	R	B	M	G	Q	O	N	W	B	G	A	R	T	D
C	T	F	O	E	B	W	B	H	L	M	Y	D	R	M	I	H	U	J	G
U	O	T	T	P	L	E	O	V	E	O	M	I	S	U	E	N	I	O	E
P	K	W	P	P	E	K	J	Q	X	B	H	S	M	B	O	B	N	T	H
K	I	L	P	A	W	M	X	D	W	B	X	X	E	R	Q	H	N	R	T
E	C	O	V	S	A	F	B	B	W	J	Z	H	V	X	H	F	I	U	T
S	T	Y	E	I	C	D	E	Q	Z	E	U	E	X	C	E	P	T	T	W
I	U	H	Y	D	D	I	J	T	M	F	C	P	L	L	R	C	O	H	A
S	N	H	B	O	O	M	O	Z	A	Q	E	F	A	Z	D	O	O	G	Z
C	Y	G	X	T	D	R	V	R	P	X	O	S	V	R	M	F	L	S	N
B	E	Z	A	I	J	D	O	F	W	H	L	A	J	M	Z	H	V	N	J
F	R	J	T	A	B	N	I	W	H	Y	R	E	N	G	Z	H	O	B	J

LA CONNAISSANCE
LA VACHE
SAUF
ÉVITER
HORRIBLE
DISPARAÎTRE
RECEVOIR

HAUT
RUINER
BIEN
APPRÉCIER
MOITIÉ
L'HEURE
LA VÉRITÉ

19

D	X	A	W	Z	K	E	O	T	F	Y	U	R	D	H	H	I	L	L	A
U	Z	A	G	N	I	N	A	E	M	C	R	T	G	E	I	I	X	Q	P
L	D	L	T	G	H	D	S	P	G	U	I	N	M	X	M	Z	F	T	X
M	Q	Z	Q	D	I	S	P	K	Z	O	S	G	K	I	S	F	D	Z	P
E	K	Y	U	P	B	F	Q	P	F	L	J	R	T	B	W	C	W	Y	M
A	L	T	U	J	Y	U	P	V	V	N	Z	R	F	H	Y	C	L	G	I
G	Z	T	Q	W	K	C	O	M	N	Y	X	Y	J	C	U	N	W	O	M
T	S	V	X	M	Q	L	J	Q	T	G	F	Z	E	P	A	K	W	O	L
S	V	N	K	F	H	V	X	U	V	F	U	W	O	F	R	K	O	S	R
S	U	X	J	Q	Y	V	C	S	N	P	Z	I	S	L	Z	D	E	L	J
B	R	X	I	Z	Z	X	K	A	E	G	U	E	U	G	N	O	T	T	W
H	Z	G	S	J	I	T	C	G	O	T	Z	J	D	V	A	E	G	Q	Y
N	K	S	D	A	U	P	I	N	X	V	X	L	W	E	U	A	M	L	K
T	K	D	T	X	E	F	T	K	V	Z	X	Y	R	N	G	Q	U	R	C
C	E	Y	T	O	K	W	S	U	Z	P	N	A	C	Q	H	H	O	K	L
E	S	D	L	H	M	Y	O	F	S	X	O	D	K	K	T	F	L	U	N
Z	K	D	U	A	N	A	T	N	N	U	N	S	L	P	Y	O	K	L	C
V	N	K	O	D	A	K	C	B	M	I	L	Q	B	B	V	S	H	P	L
H	R	I	C	H	Y	T	C	H	G	X	T	C	F	A	E	N	C	V	G
U	C	A	X	Z	E	O	V	A	R	P	F	Z	I	A	J	K	V	W	X

RICHE
LA ZONE
STUPIDE
LA LANGUE
LA FOURCHETTE
LE SENS
COLLER

LA MER
L'HUMEUR
VILAIN
L'ANIMAL DE COMPAGNIE
LA LIMITE
L'ESTOMAC
LA COLLINE

20

F M J L A G M V C R C O Z G O C O T K E
C K H K L E G G F N D A Y B E Z F L N Q
K B X Z W F P G J D S B Q Q K O S Q O P
P I W Y K Q E V B A T C O W F N C L U T
O I O R I P H E U Y X S R A I O C G E T
B M R B O Z I I B Y M D R K D S J V H R
E Z T F S H Q G Q N R S P U F N O O R Z
Q U H E K G A A N E B V E U B L H D E Y
I F L H D H Q X N F S U U G G N N Q U A
G G E F T V N E S I R K N F T R C M W J
H O S V K E I R T A L E J L D O V C B J
I J S A A X A E A X M M A E R C S O T R
P P W N T F N H T T S Z T H C J F S E W
F A C Q R X N P I Z E U O S K U V H V Y
U P K V I E T S O F Z M S B A J C B F U
Z W C Y Z L M O N L K Z L R U A A G A Z
E U H J G D Y M M A E T A R E Z W X C H
G P H K R R Z T A I F T P T T S K N T L
B Z I N D Z I A G H P J T Z L A N X Y B
W I Q S G M T O P R O M I S E J N I O L

PROMETTRE
LE GANT
SEC
SANS VALEUR
GIFLER
L'ATMOSPHÈRE
L'ÉQUIPE
LE MARTEAU
LE FAIT
HURLER
L'ÉTAGÈRE
LE BOEUF
L'ENSEIGNANT
LA GARE

21

U	S	Y	D	E	I	R	R	A	M	B	D	E	D	Z	P	L	A	I	N
V	P	O	Y	Z	H	J	E	P	L	G	J	I	N	M	R	P	S	S	K
E	U	R	A	D	F	L	P	M	I	R	V	I	A	Y	L	H	H	S	M
M	P	H	E	I	Q	Z	C	Q	P	B	Z	Z	L	T	K	T	E	A	A
Q	Z	D	M	O	X	N	P	L	Y	L	E	T	S	A	W	O	T	L	Y
G	Z	S	M	J	H	M	B	Q	L	T	O	S	I	L	T	H	H	G	E
N	U	Z	L	X	Y	D	W	Q	U	C	H	Y	E	D	A	Z	K	S	Q
Z	G	C	U	C	O	E	Y	X	O	H	O	N	E	Y	T	I	H	H	S
V	Q	C	E	S	A	M	O	V	Z	N	Y	D	R	E	O	Z	G	Z	Q
L	C	B	F	W	C	V	E	F	G	T	Y	C	W	J	L	X	V	P	D
E	R	F	C	Y	F	R	P	J	P	W	L	I	M	N	I	R	N	I	I
F	L	Q	C	I	C	I	I	M	X	A	R	K	P	S	S	U	P	M	L
E	E	Y	Y	T	H	R	E	A	D	R	K	P	W	O	T	W	O	N	T
R	R	U	T	X	Y	L	B	Y	I	N	O	E	W	Q	E	V	Q	H	A
T	H	W	P	Z	M	T	Y	W	T	S	A	I	G	H	N	N	Q	U	T
I	S	X	O	A	I	J	K	K	I	T	D	T	V	J	J	J	F	F	U
L	C	D	I	F	K	U	X	T	E	B	X	S	T	Q	R	W	J	K	S
E	R	U	S	O	B	L	W	R	W	N	J	M	O	G	J	Z	W	R	V
W	I	J	O	I	Q	U	I	D	Q	H	N	I	X	P	K	L	V	F	K
P	D	X	N	R	B	I	O	Y	R	O	L	R	V	X	P	Q	U	F	L

LE MIEL
GASPILLER
COUVRIR
LE SWEATER
LE POISON
L'ILE
FERTILE

LE VERRE
LE FIL
MARIÉ
L'EMPLOYÉ
PLAINE
VIDE
ÉCOUTER

22

D	H	X	P	B	C	I	L	M	B	D	C	V	L	A	X	X	M	S	P
R	E	V	Q	I	X	R	R	P	L	S	T	G	Z	R	J	F	X	R	A
I	V	V	E	V	Q	O	P	U	X	U	G	P	T	X	K	T	J	T	E
H	E	G	D	R	S	O	R	U	B	W	I	E	C	Q	I	R	F	X	F
S	S	B	I	D	Z	E	H	Q	E	Y	J	J	B	G	G	M	N	S	H
D	X	G	S	P	H	L	G	D	D	I	N	U	P	O	I	W	X	H	N
B	C	K	T	Q	Y	N	W	O	R	B	Y	X	F	F	T	H	X	G	O
W	V	S	U	M	W	A	Q	G	C	F	Q	L	E	A	D	E	R	F	I
H	I	K	O	B	R	X	F	X	I	F	L	S	X	A	R	P	A	D	T
V	D	I	Z	L	P	B	N	R	W	O	Z	N	R	C	F	E	C	D	I
E	U	X	Y	K	C	E	R	H	A	O	U	P	C	V	S	H	L	C	N
S	N	V	K	V	I	E	M	J	N	M	Z	U	X	I	S	J	F	Z	I
I	D	G	C	R	T	I	Z	P	L	F	Z	O	A	A	L	A	V	V	F
R	B	G	Z	O	H	U	R	I	R	P	S	R	S	P	D	Q	I	L	E
P	L	F	T	S	L	H	J	W	E	O	O	T	K	U	W	N	W	A	D
R	N	A	T	G	O	T	D	W	L	T	F	S	P	W	O	E	G	A	J
U	N	R	T	I	F	R	X	X	O	M	H	Q	F	K	R	O	N	N	D
S	S	M	R	H	P	A	E	U	H	C	B	M	I	V	C	B	K	C	W
O	B	G	Q	K	I	E	O	F	S	O	O	T	W	N	E	B	G	F	V
T	T	W	K	S	Z	N	M	O	X	D	D	L	O	X	B	G	S	Z	Y

LA BOÎTE
DE SURPRENDRE
DEHORS
À MENDIER
LE TROU
LA FOULE
LA DÉFINITION

TERRIFIER
LE MENEUR
LA FERME
AUGMENTER
LA TERRE
BRUN
MINCE

23

J	D	W	Z	C	S	W	U	Q	Q	J	U	M	B	L	E	D	D	O	D
Y	W	N	G	I	M	G	B	S	B	S	I	R	D	K	I	P	P	N	J
U	R	O	E	E	V	S	J	Q	E	T	U	L	Q	J	L	Z	Q	V	V
L	X	E	E	T	V	J	G	L	N	H	W	T	Q	I	H	N	B	T	R
R	E	A	L	I	T	Y	M	E	H	L	V	W	N	A	C	G	H	M	I
J	A	K	E	N	B	A	M	A	L	G	X	U	I	R	F	G	P	N	G
M	G	W	S	Y	L	T	O	U	F	Q	C	M	P	F	B	G	E	U	V
D	Q	Q	E	C	R	L	Q	T	U	I	C	D	G	A	Z	U	M	Z	F
A	X	U	E	A	Z	F	J	P	O	S	Y	Z	A	L	F	Z	F	C	B
C	V	M	P	Z	P	C	S	L	N	O	T	T	U	B	Z	S	M	V	S
T	L	A	D	R	Z	T	B	M	H	J	G	P	O	F	U	P	K	H	O
E	L	G	Y	O	A	F	A	M	K	A	Z	F	R	M	W	A	X	A	F
V	C	J	J	I	W	O	H	Z	D	Q	Q	E	X	L	W	E	F	L	Q
G	Y	I	R	G	I	R	A	Y	H	S	S	N	R	C	P	O	U	X	V
N	A	S	G	F	R	G	F	K	B	H	X	R	N	Z	S	M	H	X	R
P	U	U	I	N	T	E	L	L	I	G	E	N	T	E	Q	P	U	C	N
Y	T	C	V	C	S	T	K	S	F	V	G	O	Y	Q	H	K	K	R	E
T	Q	H	E	F	I	F	I	P	W	V	Q	A	U	C	M	T	U	X	H
I	Z	K	A	O	H	U	O	Z	B	N	G	R	N	S	R	B	O	D	W
T	G	F	H	R	U	L	T	X	L	E	V	L	P	A	Y	M	E	N	T

FRAIS
INTELLIGENT
LA RÉALITÉ
LA TASSE
LE PAIEMENT
L'ÉTAGE
POUR
LE CANAPÉ
L'APPARTEMENT
PARESSEUX
LE BOUTON
OUBLIEUX
MÉLANGÉ
PARTICIPER

24

V	Q	G	U	A	E	N	O	O	M	B	S	W	J	O	P	U	X	O	H
G	G	X	Z	T	N	C	E	B	X	T	I	G	H	X	W	S	O	C	R
A	I	G	X	T	Y	K	U	B	G	N	I	F	R	H	T	V	B	O	M
S	R	J	Q	R	A	M	N	R	D	O	K	C	X	C	W	G	R	K	J
A	L	R	A	A	K	R	A	Y	N	R	T	Q	Y	S	J	R	P	H	O
R	C	F	A	C	E	P	G	B	V	F	Z	R	E	U	M	B	Y	J	C
K	H	J	J	T	Z	Z	X	T	K	B	G	C	R	E	E	P	Y	I	X
K	E	E	T	I	F	N	C	I	Z	N	O	S	L	U	D	B	O	X	B
V	M	R	H	O	C	V	K	I	U	B	U	E	B	S	K	H	R	D	G
O	I	E	C	N	W	H	P	H	D	F	F	Z	W	H	E	O	N	Y	T
A	S	S	J	J	O	P	O	P	C	I	X	Q	I	V	C	C	P	B	Z
W	T	C	A	L	V	F	L	U	B	N	C	H	Y	U	O	M	F	H	Q
Q	R	N	H	X	Y	Z	L	I	T	L	U	A	S	H	C	J	C	L	K
Q	Y	I	C	P	O	H	U	S	J	E	P	B	N	W	F	T	H	Z	R
N	H	T	Z	Z	H	L	T	A	A	B	R	N	W	H	I	U	C	B	U
H	A	H	D	B	D	I	I	Y	R	H	K	H	D	W	F	Q	G	B	R
R	G	T	C	W	F	G	O	O	C	Z	A	O	S	L	L	C	J	R	J
C	W	R	S	F	Z	O	N	E	V	F	N	O	A	P	R	F	A	X	W
F	O	E	U	K	O	N	Y	M	O	J	T	K	Y	K	V	U	L	M	Z
E	Y	Y	W	J	L	Z	F	W	N	F	E	P	Z	W	U	L	X	O	L

VENTEUX
LE LAC
RIGIDE
LA POLLUTION
LA LUNE
LA CHIMIE
LE DEVANT

EFFRAYANT
ACIDE
COMMUTER
LA FILLE
AFFAMÉ
L'ATTRACTION
LE POT

25

N	N	O	X	G	Z	J	R	N	A	K	E	G	M	C	I	O	G	U	P
O	J	V	T	S	T	E	C	Q	M	N	Z	G	Z	R	Y	J	E	U	G
M	W	T	L	H	O	P	G	Q	P	I	Q	L	F	N	A	X	V	K	U
F	Y	Y	V	A	I	T	K	X	E	R	X	G	V	Q	L	L	P	R	V
Z	U	Q	R	F	N	S	B	Q	E	D	C	L	B	I	G	C	G	T	T
A	K	B	O	K	C	O	L	R	A	O	R	B	G	U	A	Y	T	G	A
U	B	P	B	K	L	Z	S	W	K	T	A	N	T	Z	I	Q	C	R	U
C	W	X	U	H	U	H	V	T	D	G	I	T	S	J	J	H	E	N	O
Z	Q	M	S	N	D	E	Q	U	A	S	B	S	A	F	V	G	V	X	J
L	Q	A	T	G	E	P	O	P	O	L	U	F	U	D	N	O	W	M	K
N	Q	B	R	U	G	J	W	T	W	P	G	T	W	O	O	Y	I	S	I
O	F	J	R	W	N	F	V	Y	R	N	Q	I	T	N	Z	M	T	C	E
O	W	I	G	E	D	I	S	E	B	T	Q	C	C	V	O	R	Q	V	E
N	V	G	H	Y	U	D	C	O	Y	G	A	B	P	L	O	T	I	U	I
R	L	F	E	N	A	C	F	O	U	Z	T	T	F	N	X	U	C	W	E
E	O	N	N	L	M	U	B	N	N	X	O	M	G	G	V	S	O	T	D
T	G	B	H	N	F	M	T	U	P	Y	C	K	S	R	E	B	D	G	A
F	Q	N	P	V	V	I	U	Y	Z	V	H	I	H	R	V	R	U	D	E
A	M	K	R	K	D	Y	A	S	M	Y	E	K	O	J	N	P	P	N	U
K	H	B	T	Y	F	O	V	G	W	Q	W	T	G	N	D	W	E	C	I

LA VOIX
BOIRE
SAUVER
DÉSORDONNÉ
GROSSIER
ROBUSTE
NOSTALGIQUE

L'APRÈS-MIDI
À CÔTÉ DE
INCLURE
CHANTER
LES DONNÉES
MÂCHER
FORT

26

V	K	Q	E	Z	E	Y	Z	H	L	I	V	F	I	H	W	K	A	O	Z
W	G	O	Z	T	Y	B	A	B	R	L	H	V	T	L	T	O	D	R	Y
T	O	W	A	V	E	H	R	W	Y	Y	Y	E	Q	A	Y	V	S	T	H
V	U	E	I	X	H	E	Y	A	V	U	T	W	I	N	T	O	L	I	E
W	C	D	X	A	Y	B	C	E	V	N	J	E	J	D	W	J	C	O	T
B	E	K	D	V	K	D	T	U	L	E	K	S	Z	B	V	T	L	P	B
A	F	A	H	C	F	E	G	B	V	N	E	T	H	G	I	R	F	O	T
U	B	G	Y	R	X	R	T	B	L	E	X	N	T	O	W	A	R	N	V
B	E	G	V	S	S	C	I	H	K	A	T	T	A	V	K	H	W	P	I
V	B	P	D	L	J	O	G	E	Q	X	G	O	K	J	J	F	G	J	N
W	Q	M	G	Q	W	J	E	U	N	T	C	O	F	M	P	E	C	Q	X
J	M	C	E	J	I	L	L	C	E	D	E	A	M	Y	Z	R	U	M	E
G	D	M	A	S	F	S	Q	I	N	Z	L	J	S	B	G	P	W	O	Y
E	Z	U	N	Q	E	T	W	Z	G	E	X	Y	K	K	P	K	R	O	K
O	W	D	J	J	M	B	I	M	Q	I	I	Y	A	B	N	B	N	R	E
S	Y	V	L	A	A	U	C	E	O	L	S	C	F	W	S	R	H	D	X
E	S	Y	P	Y	A	D	C	O	V	I	I	P	S	N	H	B	F	E	Y
L	J	F	G	Q	Q	X	F	S	V	W	X	P	N	P	P	R	Q	B	I
A	Y	J	H	V	H	K	I	I	R	N	H	H	S	U	R	B	O	T	E
Y	T	N	E	R	E	F	F	I	D	F	Y	A	C	K	Z	V	G	T	R

AMICAL
L'IDÉE
BRAVER
AVERTIR
SÉCHER
LA SCIENCE
DIRE AU REVOIR

LA CHAMBRE
MENTIR
LA FEMME
DIFFÉRENT
LA TERRE
EFFRAYER
BROSSER

27

E	F	A	S	U	Q	T	U	O	H	T	I	W	O	X	N	J	X	E	X
V	A	E	H	T	B	D	O	B	H	S	O	F	T	W	A	R	E	U	X
T	M	J	F	B	F	J	B	T	K	Z	U	X	V	Z	X	X	Y	V	D
B	I	N	B	H	O	U	I	Q	R	T	W	H	J	Y	D	M	L	A	C
R	L	H	J	Q	I	S	L	U	A	U	G	K	N	O	V	A	B	D	X
S	I	M	N	O	A	M	R	M	Q	K	S	Y	J	W	R	T	E	E	H
P	A	C	O	O	R	O	I	V	X	J	F	T	D	L	B	A	T	H	S
A	R	C	I	S	S	P	Z	B	R	G	W	Q	C	G	H	S	N	W	A
R	S	B	T	O	H	O	G	M	R	E	B	Y	N	H	L	Y	I	G	S
E	L	U	A	L	L	N	E	G	S	F	C	R	X	W	I	N	Y	L	E
G	X	U	C	Q	W	F	G	K	N	M	B	K	I	W	G	X	E	J	G
N	U	Z	I	K	Q	N	Q	R	R	J	E	A	H	G	F	E	V	A	P
E	F	T	L	N	H	I	U	J	N	C	B	O	L	R	H	G	L	S	T
S	L	O	P	B	Z	P	I	A	K	K	G	L	S	L	B	T	Y	Q	M
S	F	O	P	X	O	W	E	F	H	W	I	M	E	C	B	E	M	P	X
A	G	W	A	R	W	G	A	R	V	N	T	S	V	F	Z	D	G	L	G
P	S	N	K	Z	S	Y	H	X	E	Q	U	I	P	M	E	N	T	G	Z
A	N	T	Y	N	Z	I	G	C	J	X	V	C	P	B	M	U	P	F	F
K	Q	D	R	P	Q	I	J	L	K	V	J	R	I	L	D	C	Z	G	C
T	A	W	V	X	I	Z	Q	T	V	I	B	U	J	B	C	U	V	W	F

DEVANT
FAIRE CONFIANCE
SÛR
FAMILIER
L'ÉQUIPEMENT
L'APPLICATION
CALME

POSSÉDER
BRILLANT
LES LOGICIELS
LA BALANÇOIRE
LE PASSAGER
L'ORANGE
SANS

28

W	O	H	K	Y	P	J	K	S	L	H	F	F	Y	Y	M	P	M	I	V
D	R	A	L	R	U	H	P	S	Z	F	N	O	E	Q	K	K	V	X	J
M	W	X	V	L	G	R	K	O	F	N	H	A	U	I	F	F	V	U	M
F	N	H	K	R	W	I	N	S	U	R	A	N	C	E	X	E	G	C	D
F	H	T	F	R	S	X	H	Y	K	S	S	O	I	Q	Q	Z	S	L	T
L	J	L	E	Z	Q	G	S	A	M	R	P	G	W	Z	B	H	I	Q	Z
E	G	A	M	J	D	Y	F	G	P	R	K	U	M	Z	O	H	W	S	C
U	K	E	W	C	I	Y	V	I	P	G	L	Y	R	J	C	K	Q	O	V
J	O	W	V	L	P	P	E	S	P	X	W	K	R	T	I	C	T	K	D
I	H	B	H	D	V	F	Q	A	V	D	U	M	C	E	Q	N	Y	O	Y
E	L	L	E	G	E	Z	T	U	H	T	O	U	O	N	O	Z	T	W	U
X	V	I	T	A	G	P	A	N	T	O	B	L	I	N	K	W	L	D	H
J	X	O	N	W	U	J	A	Q	J	X	H	Q	Z	C	I	A	A	C	R
I	J	B	M	J	T	T	K	R	D	J	B	P	P	T	Y	K	S	R	Q
Y	F	O	S	O	U	Q	I	F	T	L	M	T	A	J	P	V	W	N	F
H	T	T	S	R	T	R	F	F	L	M	H	A	U	R	T	L	X	C	X
F	T	S	E	J	X	T	O	R	U	B	E	J	R	O	T	J	H	P	V
O	U	D	P	G	H	Q	C	W	U	L	A	N	N	M	O	O	D	V	I
Q	G	S	T	N	A	O	V	M	B	R	E	H	T	O	R	B	T	Q	L
A	S	B	K	W	T	U	Z	N	N	P	S	B	M	K	E	B	B	L	E

LA RICHESSE
SALÉ
LA NATURE
BEAU
BOUILLIR
SUR
LE DÉPARTEMENT

FROTTER
CLIGNER DES YEUX
L'ASSURANCE
PIÉGER
L'ENFANT
LE FRÈRE
BOUGER

29

H	B	H	N	A	K	M	I	M	D	K	W	A	Z	L	C	N	Z	B	O
Z	A	G	W	W	E	T	O	W	I	L	E	T	T	E	R	F	K	K	P
A	P	H	Z	T	J	E	R	A	U	Q	S	Q	F	F	S	P	X	O	P
D	B	C	H	X	V	B	F	F	F	F	Y	U	U	G	X	V	A	O	O
D	N	P	S	N	T	O	P	L	A	Y	N	E	E	W	T	E	B	H	S
X	L	D	P	Q	X	D	J	Z	P	S	V	U	P	B	O	K	I	K	I
U	P	V	W	U	X	M	B	I	Q	S	T	N	L	U	U	E	R	V	T
N	R	S	I	C	V	J	G	P	C	H	F	P	F	W	N	U	W	N	E
E	X	U	K	K	I	N	D	H	E	A	R	T	E	D	L	L	M	Q	R
V	B	O	J	Y	A	Q	S	F	R	G	S	F	I	I	O	T	B	J	O
U	U	Z	I	X	L	I	Y	R	J	P	H	N	F	I	C	S	F	G	L
X	X	R	F	V	I	F	B	G	L	A	Z	H	B	I	K	K	R	G	Y
H	R	F	I	I	K	Z	M	D	D	D	B	V	D	I	U	E	R	X	Y
U	A	Y	G	B	J	T	O	B	A	K	E	G	D	X	P	E	Q	L	I
E	I	Q	K	V	L	T	N	E	D	I	S	E	R	P	T	I	S	W	B
P	U	Z	H	A	J	F	V	M	S	N	X	K	H	T	O	V	S	F	E
J	J	K	H	V	N	X	Q	G	R	N	K	J	I	U	U	H	V	W	P
J	H	T	W	R	S	V	G	T	I	F	K	B	E	L	O	R	L	P	C
F	E	U	Z	R	M	T	B	I	M	Q	S	D	X	R	L	V	C	Y	E
L	I	Q	X	B	Z	T	F	B	P	C	A	L	T	W	E	Q	B	K	H

MORTEL
ENTRE
LA COMPÉTENCE
LA LETTRE
AMER
LE CROCHET
DÉVEROUILLER

CUIRE
CARRÉ
CONTRAIRE
LE PRÉSIDENT
JOUER
COURT
BIENVEILLANT

30

E E L G D A M W C I N J W U Z A M U Q N
G Q X R U Z I V S L C Y N E Z I U E N H
M J E B E B T X I N V Y A J Y R U I D V
N I M W E I K P J I A G I P Z J Z L M P
J T O Y E L P F C H D R M C F P L U W R
U E S U D T O A T T R A C T Q S K Q V S
T U D P E U V V P I R X W H N L Z F Z B
F N N Q S N L J J W H G V H C U Q P Q E
Z D A M C T R E R C X D D K Q M D J L Y
G E H N R S A B Q S B L Y T K G F O C K
Y R V X I H X W G I S O G T N L X B I J
C N I Q P O I W Y X L K E N B R R H U O
I E O T T C U I O R S R A L L O C O F H
G A L O I R I Y Y Q F Z H A S N O F Y Y
A T E M O L A P X F A J G J F Q I X F V
M H N T N W P E K X U L G I R C U Q T G
K W T Q H N F N G T F F T S E X K A X V
O W R G M L E D Z U L B W H Z Y C R R Y
S T I C Z K A V X I H R P B Z Z U T D E
T H S C E L L P H O N E F W M X D L H V

LE TÉLÉPHONE PORTABLE
LE CARRÉ
SOUS
DANS
VIOLENT
LA DESCRIPTION
L'AUTOROUTE

LE BUREAU
BEAU
ÉNORME
LE CANARD
LE COLLIER
ATTIRER
LA MAGIE

31

N	F	D	M	P	Z	D	W	M	Y	K	Y	R	B	T	R	M	Q	M	I
P	C	X	I	E	R	U	U	J	I	W	H	F	X	Z	T	A	J	K	T
Y	T	X	S	T	A	K	P	W	P	A	R	M	K	V	F	N	M	T	B
I	Q	M	Q	A	F	B	B	N	J	P	V	X	Y	I	W	X	O	K	C
L	T	E	D	I	F	F	I	C	U	L	T	K	J	K	P	B	H	J	E
D	N	N	H	M	W	C	M	N	K	C	G	M	G	J	O	O	D	Y	P
N	I	U	N	W	K	K	L	X	X	K	J	T	D	W	N	O	Q	V	X
A	N	B	E	T	M	F	M	E	J	N	B	L	M	I	K	W	P	Z	R
Q	B	X	X	E	C	L	S	S	R	T	J	T	O	S	H	O	P	S	O
M	Q	Y	L	U	F	P	L	E	H	S	Z	Q	G	Z	L	J	M	D	H
A	T	R	P	N	H	L	A	A	H	K	J	V	I	Y	W	C	D	M	C
G	U	R	W	A	C	K	A	H	X	I	E	D	L	U	U	T	L	R	Q
I	Y	E	W	R	M	H	P	T	L	N	E	L	W	Q	Z	B	G	G	C
C	V	H	A	R	Z	E	D	I	X	N	V	R	S	L	B	K	S	I	A
A	V	C	D	O	H	B	K	S	W	Y	W	L	T	B	I	Y	G	X	N
L	I	L	B	W	Z	M	C	N	O	X	A	O	T	Y	U	W	A	N	N
N	W	G	U	Y	E	L	W	Z	S	N	N	R	F	O	I	M	T	B	G
S	E	K	O	T	D	F	B	K	K	V	Y	W	L	C	E	N	P	D	N
Q	A	B	A	B	Q	U	G	P	T	M	N	K	R	F	O	U	N	Y	G
D	K	L	Z	E	W	I	P	G	T	W	O	V	T	M	H	B	K	T	C

FAIRE DES COURSES
MAGIQUE
MAIGRE
PLAT
ÉTROIT
RENFLEMENT
LE MÉTAL
LE MENU
SINISTRE
UTILE
LA CERISE
S'INCLINER
FAIBLE
DIFFICILE

32

Y	F	H	W	I	O	N	E	Z	W	T	P	B	Q	U	S	F	F	C	T
S	L	Q	V	P	R	V	M	G	W	R	K	T	I	W	O	T	K	L	O
A	N	D	Y	A	C	R	I	R	J	B	G	C	Y	U	X	O	O	C	M
N	A	O	D	T	F	Q	O	B	O	N	Z	L	A	B	Q	E	C	K	A
H	H	S	H	U	A	L	U	O	V	I	M	J	T	L	M	X	T	H	N
X	A	H	U	D	H	J	T	D	B	Z	V	H	M	V	T	A	V	Z	A
L	F	U	E	Q	B	L	U	D	R	A	H	N	G	O	R	M	T	S	G
N	E	W	S	P	A	P	E	R	L	S	T	C	A	S	Q	I	Y	E	E
V	L	F	X	E	G	A	R	U	O	C	N	E	O	T	I	N	B	I	C
V	Z	G	I	B	J	R	Z	H	K	O	W	D	V	T	N	E	D	F	K
A	M	Z	U	T	O	Y	T	P	F	E	E	L	S	V	C	Z	T	C	S
Z	C	H	I	I	F	H	F	F	Z	S	I	S	C	Y	O	P	D	B	R
Q	N	P	U	A	X	G	E	K	U	Z	A	R	C	U	M	V	T	Z	L
N	C	C	Z	L	S	R	W	R	M	L	F	W	G	D	P	P	L	G	K
U	E	E	F	C	E	Z	V	I	C	X	M	E	X	K	E	U	D	W	L
F	K	T	I	P	F	Y	Z	R	B	P	O	K	U	W	T	J	Y	Q	O
N	E	S	O	L	C	O	T	K	F	U	F	Z	X	K	E	U	X	T	O
X	U	G	H	I	L	I	B	R	A	R	Y	M	A	Y	N	I	R	U	S
M	F	M	T	S	F	P	O	H	J	I	F	A	D	I	T	C	Z	U	E
K	P	F	K	A	P	L	I	J	Q	M	R	T	C	A	M	E	Q	B	H

INCOMPÉTENT
LÂCHE
LE JUS
LA MUSIQUE
TABOU
UTILISÉ
FERMER
LA CLASSE
EXAMINER
ENCOURAGER
L'OFFRE
GÉRER
LE JOURNAL
LA BIBLIOTHÈQUE

33

J	L	H	Z	E	X	C	F	Q	A	G	N	I	K	V	O	T	L	V	O
O	Y	Y	M	Z	V	E	T	O	C	H	E	C	K	J	O	U	M	E	N
U	Q	O	K	P	Z	B	S	Q	Q	D	C	P	B	P	E	P	Y	P	R
E	H	L	C	T	E	O	T	B	B	Y	P	S	I	C	A	Y	N	Y	L
E	Z	B	O	Y	R	L	Y	B	B	P	U	N	E	L	W	R	G	T	D
C	O	Z	N	R	S	N	W	F	F	Z	C	Q	Y	S	I	T	N	O	C
J	C	T	K	R	U	B	H	G	T	H	K	W	S	N	S	S	R	T	I
H	J	K	O	L	X	Y	E	X	S	G	O	U	G	W	U	U	M	Y	G
T	T	L	T	P	K	S	E	A	P	U	B	N	C	Q	Z	D	I	F	M
E	V	O	E	Q	A	B	L	L	V	J	N	A	B	J	S	N	A	H	M
V	K	H	S	C	O	Y	G	D	L	E	C	P	L	D	C	I	Z	C	J
W	I	J	R	H	Q	O	K	U	F	O	G	O	V	X	A	G	V	J	R
D	A	K	M	E	R	C	R	A	M	Q	W	E	Y	V	D	M	X	A	K
O	N	R	Q	F	A	U	G	O	I	C	D	H	G	E	A	Q	Z	B	F
P	N	O	B	S	M	M	G	H	K	E	V	M	Y	Y	O	F	Z	Q	E
R	H	M	E	U	O	P	G	S	U	I	O	Z	W	P	K	D	D	Z	T
U	G	P	G	G	X	V	I	T	G	T	V	S	R	Z	S	M	H	Z	W
Z	Q	T	A	A	S	J	A	I	R	V	W	M	V	U	G	B	D	T	K
S	J	T	O	C	O	U	G	H	M	D	I	F	O	O	D	I	B	V	V
V	K	B	B	H	Z	I	U	R	S	E	T	O	C	H	A	S	E	N	W

PINCER
LA ROUE
TOUSSER
LE ROI
LE DOIGT DE PIED
VÉRIFIER
LA MAISON
LA NOURRITURE
L'INDUSTRIE
JAUNE
CHASSER
FRAPPER
TAPER
HAUSSER LES ÉPAULES

34

```
I C F D N E I R F Y O B R J L X U G H G
L P Q J H G E H S G M A O N O I S Y Z J
K T Z G B E B O O K W A E J Y W Y I N C
X Q Q E D Z H Z S Z V W Z X G N L O U A
X Z A I W N M V K C A P K C A B I D E X
U M B P N M A E R C E F I Z S X L F U Y
V L J A M I P O S Z M N Y F X P C Q J W
E W Y N D Y U U C N U Y T P G P T R E Z
Z O U N C Q J Y E I E T I A W G F D E W
T E C N X P P B Q S H S C Y E P K F V B
T R A W S U B E P F V L P B N E V O B A
Y A F J T O S I V D H W H D X P G A E J
L D M P U A R H V E S S A I T F J B J V
X O Y T F I H C T E F O T N T D H Q Q Z
E T W R T P T Z U T I Y Q Q G T D P K K
C O I U U Z U M Q Y P W E W E Z H S X B
R X A N B T X G A Z B S J C K S G G F T
V L V Z U N T V Y I O B T H P D X N I X
M O T Y S Q P A F D N J O S T K Y M J R
K Z W S Y W J W W K P F K E N F V W H V
```

BRUYANT
ALLER CHERCHER
COMESTIBLE
OCCUPÉ
LA CRÈME
SPIRITUEL
OSER

LA DROITE
LA GUERRE
L'ODEUR
LE SENS
AU-DESSUS DE
LE PETIT AMI
LE SAC À DOS

35

P	C	L	I	V	H	A	O	V	K	Y	R	O	U	G	H	S	Q	L	U
W	G	N	G	T	G	N	E	D	L	B	O	C	R	Y	W	W	L	B	I
P	W	B	E	R	G	U	E	E	E	B	X	R	P	Q	P	B	B	J	U
J	A	H	E	Y	B	H	J	K	L	O	T	P	G	L	V	Z	X	C	Z
P	R	T	X	X	Z	T	M	B	P	H	S	O	O	A	V	U	D	Q	K
M	Y	Q	H	Q	C	O	Q	O	R	M	K	Q	X	N	N	Y	Y	L	C
V	L	L	K	P	E	C	A	L	J	R	Y	W	R	G	E	I	C	K	J
S	Q	T	S	C	N	O	H	R	P	H	X	W	A	U	X	X	C	B	F
X	Y	T	T	W	I	N	A	A	V	O	Y	Q	D	A	S	X	R	I	S
B	N	E	K	H	S	N	Z	E	T	R	V	B	O	G	J	U	A	Z	N
H	R	C	P	B	V	E	Q	Y	G	W	Q	L	R	E	A	S	N	W	A
K	O	I	B	F	Z	C	L	N	K	D	S	V	U	A	Z	Q	G	W	I
R	L	P	D	T	A	T	A	A	Z	P	B	K	E	F	G	W	E	R	L
J	N	A	W	X	L	R	N	Y	W	B	P	P	F	P	E	W	J	I	X
S	H	U	P	U	M	S	Z	L	P	W	D	C	E	J	N	R	F	Z	O
I	P	N	N	X	B	H	J	Z	F	C	B	X	D	G	F	L	A	I	A
M	A	C	J	O	B	C	S	K	O	U	C	Z	Z	T	N	T	I	C	S
D	E	D	U	N	R	J	K	P	Q	S	R	I	Q	N	Q	A	F	D	E
R	O	A	L	P	E	T	T	L	L	C	I	H	G	M	C	H	R	H	U
D	Z	L	A	M	B	Y	H	J	M	L	T	X	R	T	J	J	Q	O	T

BIO
LE LOISIR
L'ANNÉE
LA GAMME
LA LANGUE
L'ESCARGOT
LE ROCHER

EN COLÈRE
MINUTIEUX
LE NORD
ORANGE
RUGUEUX
SE CONNECTER
LE CIEL

36

T	Y	J	V	F	H	B	Z	A	X	Y	V	W	Z	P	E	C	Y	B	E
V	C	Z	P	E	P	N	U	X	U	Q	J	O	D	Q	O	T	S	Y	L
E	N	T	H	U	S	I	A	S	T	I	C	B	V	A	E	V	K	X	B
R	D	E	Y	L	E	B	C	A	C	Z	P	H	B	F	B	Y	K	Q	A
N	H	Z	W	C	F	A	L	T	N	N	P	R	E	Z	Q	P	G	K	U
W	S	O	U	G	C	M	U	B	U	Z	A	S	O	A	P	O	J	Q	L
P	F	H	S	R	X	C	M	L	T	R	I	I	O	M	A	V	W	H	A
R	Y	S	O	P	M	H	T	A	E	N	E	B	K	R	K	P	G	G	V
T	S	S	G	O	I	H	O	V	Y	I	P	Z	T	M	J	A	I	O	U
Q	S	K	Y	P	B	T	F	E	F	Q	B	M	S	C	S	E	S	X	U
T	D	M	C	E	B	P	A	H	Q	T	C	R	J	G	V	R	L	O	T
O	J	O	E	I	V	E	D	L	U	X	F	M	S	O	Z	M	K	T	O
E	D	Q	G	E	Z	D	P	L	L	A	W	E	M	O	A	M	F	A	R
X	W	Y	Y	G	T	S	L	X	I	R	R	E	Q	T	O	A	E	H	U
E	L	E	C	T	R	I	C	S	D	X	R	J	L	P	Y	G	A	E	N
R	H	Z	O	K	K	N	N	E	N	O	J	V	I	E	P	F	L	O	X
C	R	Q	P	F	C	W	K	C	T	E	X	V	O	H	O	U	P	R	Y
I	D	T	G	J	G	P	A	B	N	H	R	B	V	U	Y	X	W	M	J
S	Q	A	N	D	S	Z	L	E	E	A	N	N	Z	E	J	I	V	W	V
E	N	M	I	C	Z	S	K	F	E	X	B	L	O	A	W	Q	M	O	E

ENTHOUSIASTE
ÉLECTRIQUE
L'IMAGE
LA RÉUNION
À TRAVERS
S'EXERCER
SOUS

LE SAVON
L'HÔPITAL
COURIR
RETIRER
PRÉCIEUX
LE MUR
LA PROFONDEUR

37

A	P	Z	Z	F	C	S	E	L	C	I	T	R	A	A	S	P	J	Y	G
G	T	Q	S	R	C	J	T	A	X	V	P	N	F	P	U	S	W	W	G
Q	C	C	W	A	Y	X	I	I	C	Z	D	J	A	K	T	H	J	Q	X
O	F	A	U	L	T	Y	R	W	B	G	P	G	C	I	I	P	O	N	Q
L	Q	F	N	M	S	I	R	T	N	Y	A	M	W	S	G	L	T	Z	X
R	J	K	B	R	Q	Y	S	I	B	K	S	K	T	N	V	F	K	H	N
W	T	Y	G	X	A	I	W	F	E	C	H	L	J	Y	T	M	B	L	Z
C	Z	O	R	J	M	O	B	C	Y	A	E	E	T	D	N	X	J	L	D
Y	Y	U	W	N	L	Z	I	S	T	I	E	I	C	R	W	H	N	N	V
S	M	H	R	L	D	R	V	O	N	G	N	M	W	Y	E	K	W	V	T
V	E	P	O	J	V	I	C	N	N	V	X	G	Y	F	C	V	C	Y	D
Y	B	F	J	H	E	O	L	X	O	F	X	Q	X	Q	U	R	E	S	R
H	Q	O	N	F	N	H	R	O	Z	R	A	X	I	O	W	T	L	L	X
X	G	S	M	T	N	K	W	X	X	D	R	C	L	D	Q	O	U	U	C
L	W	M	A	W	M	Y	A	K	S	K	V	G	E	B	H	K	C	S	W
T	S	I	Y	T	X	C	W	X	D	L	W	M	U	C	D	I	G	I	U
O	N	H	B	Z	P	O	W	D	E	R	H	Y	S	L	D	C	A	L	G
Q	T	J	Q	U	E	G	D	I	H	T	V	E	U	D	D	K	I	A	V
Y	P	T	T	J	B	Z	W	O	U	B	D	A	U	T	Y	A	C	I	S
O	R	K	A	W	Z	J	P	T	C	R	I	M	E	B	J	E	Z	M	O

SUIVANT
LA FACE
LA PRISON
L'ARTICLE
SATISFAISANT
LE SIFFLET
CONTENIR

DÉFECTUEUX
LE RIZ
GÉANT
LE CRIME
INTELLIGENT
DONNER UN COUP DE PIED
LA POUDRE

38

G	E	C	U	W	V	H	K	Z	R	Q	Y	P	P	D	G	J	R	B	P
C	Y	A	T	V	X	T	Y	V	W	F	X	S	I	M	D	L	R	O	W
H	K	V	O	H	C	Y	K	Q	P	K	F	N	K	E	J	O	Z	I	C
Q	Q	N	L	K	V	G	A	A	G	N	O	O	M	R	C	V	T	B	T
J	O	S	X	N	A	Z	Q	X	K	S	C	R	E	A	N	C	T	B	B
G	R	J	V	Y	I	Z	P	I	A	S	M	T	O	P	O	I	N	T	A
O	N	L	A	X	C	D	T	U	V	B	S	H	A	A	W	Z	X	L	Z
D	U	N	O	K	U	D	R	A	R	W	Z	N	M	D	K	L	L	U	J
R	U	T	E	A	R	S	F	Z	K	T	K	F	G	U	E	I	C	W	K
I	N	O	V	O	L	T	Z	H	I	T	O	R	E	T	I	R	E	F	R
B	F	D	S	W	Y	N	H	H	L	I	H	G	I	B	Z	E	G	R	Y
B	S	I	R	D	M	G	Z	Q	Q	F	Z	U	R	D	P	P	N	J	G
O	P	S	G	S	Z	E	K	I	O	T	I	A	M	O	A	N	I	I	D
Q	R	C	D	B	E	K	A	U	Q	H	T	R	A	E	A	D	S	K	F
C	O	O	G	G	J	H	I	W	O	V	D	Z	Q	H	B	N	A	G	D
W	D	V	M	C	E	K	W	X	P	I	G	X	W	B	H	K	X	H	F
Z	U	E	D	Q	T	N	A	W	O	T	M	O	I	A	W	H	D	H	N
F	C	R	V	Y	F	S	E	F	M	L	F	O	N	U	T	A	H	D	J
D	T	F	Y	L	U	L	L	A	S	X	D	C	H	W	M	C	Y	D	W
W	S	M	H	V	Z	B	S	R	F	D	Q	J	U	H	L	P	H	N	R

LA MONTRE
LOIN
IMPAIR
LE MONDE
L'OISEAU
PARTIR À LA RETRAITE
GÉMIR

VOULOIR
POINTER
LE PRODUIT
DÉCOUVRIR
LE TREMBLEMENT DE TERRE
LE DINOSAURE
FRISÉ

39

B	D	F	U	H	L	R	M	H	V	Y	I	S	E	U	R	T	E	M	M
H	M	O	B	C	O	L	X	G	I	L	E	W	A	N	Q	D	P	I	N
O	Z	A	I	D	E	M	U	O	V	I	Y	U	R	M	T	X	E	P	U
R	O	X	A	W	K	M	B	F	M	P	F	S	F	N	D	J	H	D	S
S	X	A	T	M	X	D	R	S	Z	R	P	R	K	O	T	Q	C	A	N
E	W	O	A	X	R	U	O	D	Y	N	B	S	G	I	O	R	A	N	F
T	A	Z	K	Q	E	C	A	G	M	E	U	U	M	T	T	Y	T	A	A
S	N	L	J	A	V	C	D	B	Q	N	K	T	A	S	H	I	S	Q	J
A	O	S	I	O	I	L	L	T	F	O	X	H	H	E	A	T	L	W	Y
M	T	B	V	A	R	A	L	W	K	A	D	D	W	U	N	R	J	Z	V
T	L	Q	F	A	C	T	W	C	V	B	F	Z	X	Q	K	Z	C	E	A
O	M	G	U	K	V	A	L	P	D	V	W	N	R	Q	F	N	T	N	M
G	V	O	Q	T	H	M	Z	Y	Y	K	E	J	X	C	J	Z	I	L	N
I	C	L	R	V	B	E	Q	V	S	G	T	N	C	Y	J	Y	F	Q	T
V	F	K	I	V	T	G	R	U	Y	Z	L	V	H	V	K	B	E	K	O
E	H	B	N	I	J	U	M	K	R	J	C	I	Y	G	X	F	V	J	S
F	O	G	P	S	C	M	A	Z	Y	A	P	B	Q	Y	U	I	A	H	D
M	X	S	X	V	R	D	Y	G	W	W	T	W	R	U	D	Y	H	P	X
W	E	Y	V	A	T	Q	Y	M	K	N	B	S	L	Z	I	R	N	F	S
D	B	B	N	V	C	A	X	F	C	G	G	T	D	X	A	D	A	E	V

REMERCIER
COMPLET
LA QUESTION
LE LIQUIDE
COURBÉE
MALGRÉ
L'ÉTOILE

LE BROUILLARD
LA RIVIÈRE
LARGE
NOIR
LES MÉDIA
LE CHEVAL
RAPIDE

40

Y Z G O E D I V Q F V S S E L E R A C S
Q E E B N E D L W W V H L J T N S G W Z
T U W C C W J I N E H M Z X E G B W W E
D G C Y H M C Z Q K I N H I N X O S L A
Y J W B B P G P X E J G E M E J E U R H
G H T V C S A C E Y F N H O R W D N J T
J Y L H U W H M P Z S Y S T G A R F E O
T I Y J S E V O R P M I O T E N U M E T
A V H J K S X Q G H J P A G T Y E U T I
O A C T O E X P L O D E Z P I X U V F C
V N O O T O J S M A C T R N C L S V O K
L E W U F F X L V M K P D S A S T T H L
C P L E A S A N T D C X P V F N M K R E
M R A N F W C A N E Q U B P E O K E A I
V Y G T G U I Y K F H B R M Z U U N L F
E D Q X J K Z N Z K Y E U H K X I M P L
T U E J Z C Z C G O M G K T W M S R G L
U O V N I E D Y M E R C F T A M P Q A S
T L L Y R I X Q B A I S W L D W A F R B
S C Q Y M D K D Z K G N N X E L M V D E

AMÉLIORER
L'AILE
L'ODEUR
LE FOUR
IMPRUDENT
CHATOUILLER
EXPLOSER

AGRÉABLE
ÉNERGIQUE
LA VIDÉO
LE POIDS
NUAGEUX
L'ARGUMENT
L'ANIMAL

41

G	M	E	X	L	V	I	U	X	S	F	R	C	A	J	L	Q	F	G	I
S	H	Z	A	R	Q	K	E	Y	Y	H	S	F	Z	R	S	S	K	N	S
O	B	F	E	M	Z	S	J	X	H	E	T	G	M	D	E	P	X	M	T
J	S	M	Z	R	O	G	V	O	D	J	H	T	I	V	M	M	V	F	O
X	F	F	J	H	U	V	U	U	C	L	D	M	B	G	K	M	A	V	B
T	W	J	J	M	X	L	O	W	P	O	W	E	R	F	U	L	E	C	A
O	F	T	M	J	X	A	W	E	J	Q	Z	B	A	C	N	N	W	Y	N
A	R	E	E	M	G	X	M	U	N	Y	S	V	T	A	K	G	D	G	G
R	A	T	B	L	E	H	B	M	Q	Y	W	X	X	X	K	H	R	E	S
G	L	D	C	D	E	D	G	L	U	P	Z	Y	K	G	Y	F	Q	T	M
U	R	G	H	G	R	N	C	G	T	M	U	U	P	O	E	N	D	A	G
E	F	L	N	I	I	M	N	L	H	Z	F	U	X	H	O	V	M	R	M
X	W	U	E	B	V	Q	I	A	D	Z	V	L	R	M	W	L	B	T	H
M	O	U	P	U	Z	E	R	Q	H	U	T	O	F	R	Z	G	F	S	E
Y	Y	X	L	U	V	L	S	C	B	C	V	V	I	F	L	I	I	M	W
P	D	P	M	K	B	K	W	T	K	C	N	T	Q	Y	G	V	L	P	O
G	E	G	C	N	C	E	N	R	P	H	S	V	F	J	C	X	W	J	O
Y	H	G	K	B	O	Y	E	U	M	O	O	K	R	C	U	L	V	G	X
F	G	I	C	R	X	M	X	S	T	D	E	S	D	Y	D	E	S	A	H
Q	P	B	P	U	K	O	T	S	L	W	C	M	F	H	F	Q	J	S	A

EXPLOSER
JEUNE
LA CHAÎNE
PUISSANT
L'APPAREIL PHOTO
SUIVANT
LE TUYAU D'ARROSAGE
LE CADEAU
REMUER
SE DISPUTER
LA STRATÉGIE
LA CLÉ
EN HAUT
LE POÈME

42

I	L	R	I	O	X	I	M	O	T	Y	Z	W	D	B	W	B	A	O	E
X	B	W	S	M	D	I	B	S	T	K	W	A	F	C	F	W	T	U	Z
B	T	O	F	E	P	N	S	X	A	U	E	D	U	C	A	T	I	O	N
A	Z	X	T	E	R	O	P	N	V	I	M	X	O	I	M	R	S	V	Q
C	I	R	R	S	C	P	Y	H	Q	U	A	Q	F	D	O	G	K	H	Y
Q	W	R	G	C	T	L	P	P	Y	E	J	P	U	X	S	V	V	F	B
W	T	Y	P	M	J	F	V	J	L	K	N	N	O	S	C	S	E	B	W
T	X	B	I	O	I	W	O	E	C	A	P	O	M	B	Z	T	U	M	N
A	G	F	U	U	R	D	P	I	H	V	Y	M	V	G	M	X	B	B	D
F	H	L	Q	O	N	T	L	D	K	O	R	E	A	C	H	B	G	G	T
I	W	W	Z	O	D	O	T	I	I	M	V	K	R	X	L	L	E	E	Q
R	I	W	M	V	T	O	J	S	M	M	J	P	O	X	D	V	I	Q	O
Q	Z	A	F	E	C	N	T	L	S	K	P	S	X	B	Q	S	Q	N	P
P	I	G	G	L	N	S	R	B	S	E	M	C	W	B	G	Q	L	N	I
D	F	M	F	P	E	U	L	B	H	U	R	Z	J	M	Z	U	R	M	C
Y	P	N	L	M	B	A	I	X	T	E	G	D	E	S	F	Z	Z	Q	W
U	I	A	H	A	P	I	A	F	N	I	V	W	N	E	K	P	I	D	T
M	Z	E	V	X	E	L	D	D	I	M	P	T	S	U	V	B	A	B	G
E	K	J	L	E	U	G	Z	R	A	R	E	U	G	R	O	R	E	A	V
S	T	F	G	Q	T	E	N	U	P	M	L	Z	M	C	K	T	K	R	Q

L'ÉDUCATION
LE DIAMANT
RARE
BLEU
LE MILIEU
DOUTER
MÉLANGER
UTILE
L'EXEMPLE
SE DÉSHABILLER
LÉCHER
LE JOUEUR
L'AÉROPORT
SOMBRE

43

H	Z	C	M	G	O	Y	S	T	Y	X	M	Q	K	R	E	Y	V	Q	R
F	B	A	L	Z	P	V	M	E	V	M	A	O	Z	E	P	D	I	K	I
C	R	K	H	H	P	E	I	J	A	U	W	W	X	C	P	T	A	G	D
Q	I	D	X	D	G	E	U	T	W	B	H	T	P	G	P	A	L	B	P
D	D	F	R	D	L	G	S	I	I	C	H	Y	Z	U	F	D	W	A	S
V	G	T	T	H	I	C	T	W	E	X	D	A	V	O	R	H	H	R	S
S	E	C	U	Y	R	S	F	Q	U	P	Z	H	D	R	A	W	O	U	G
T	A	D	O	Z	X	V	Z	U	K	D	C	A	B	L	E	S	X	X	H
O	M	E	A	B	R	E	W	R	V	X	O	G	N	A	S	V	X	S	A
B	A	T	H	R	T	M	W	S	Q	D	Q	S	P	I	P	D	O	J	Y
Q	P	N	Z	A	G	Y	Q	H	W	G	R	E	C	M	I	R	D	K	E
K	C	G	V	B	M	P	U	P	P	P	J	S	Z	F	L	Y	I	P	C
L	D	I	N	F	P	S	L	N	U	U	G	Y	J	R	K	T	U	P	A
V	R	S	H	V	B	X	E	S	W	J	S	G	W	A	M	S	G	T	L
P	N	E	M	A	K	L	F	R	L	O	H	A	I	I	N	D	R	B	P
W	A	D	N	J	K	M	R	A	E	L	T	V	B	W	S	B	E	T	E
B	K	D	G	I	D	U	Q	M	Y	G	W	Y	G	P	R	L	R	M	R
F	F	F	W	V	F	S	V	C	H	C	A	T	T	A	O	T	K	A	O
I	G	N	X	Q	J	H	O	M	E	W	O	R	K	W	N	U	C	D	T
R	L	X	I	O	V	T	U	N	R	O	B	Z	W	K	L	O	U	X	G

PRIVÉ
LA NOTE
LA VILLE
ATTACHER
LE SEL
LE PONT
LA CONCEPTION

DESSOUS
REMPLACER
LA MOUCHE
LE MARI
LES CISEAUX
LE CABLE
LES DEVOIRS

44

C T U M G T C T G K P W M Y B E Q P W E

F L W R T H F K N E R F B V J M Q R S H

E E F B N R H S T E K R G X W L E J K A

H B R Q Z O C H U R C H P V M S K Z S O

J X T R G U Q A G S J I R S P I S X A Y

J L L Y N G W A L B U E F O M H R P C G

X B Z V Z H Z E A O E O N I L B Y H R H

U M T O Y B S Z D Z W S M J N V F K S U

L I E F L T U W C D I Z R A M G P T I E

W Y E A T W T M E B M J M Z F G A G T A

X F M A W H B I I N B E Z D Z I Y M M Y

G T E M P B F L W B J G V C U R R D D V

U O Z K M Y I T O B E L O N G L I A R R

T J M U Z T T V T P Y S V A F F D N O K

P N O I Y G G T B X C B F V H R D Z F D

O W M H W I H P E R F E C T L I H Z F X

P L E V A I A R F R B E N I J E O S A H

V R N Z M E C K W Z P P L H Y N B R O E

V J T Y N H B S W L N I W E C D G A T I

U F W K O P E H E U Q L B B T Z V L Y L

L'ÉGLISE

CÉLÈBRE

LE MOMENT

APPARTENIR

LA RESPONSABILITÉ

LA LOI

SE PERMETTRE

MAGNIFIQUE

JOLI

LA PETITE AMIE

PARFAIT

À TRAVERS

MANGER

SPIRITUEL

45

X	D	W	R	T	P	A	E	Y	E	N	Q	A	N	Y	Y	W	P	U	I
I	L	L	E	O	M	S	C	O	L	Z	P	H	L	A	P	H	J	U	K
H	C	L	V	O	A	V	E	I	N	O	Y	F	R	W	V	E	B	L	T
G	N	E	O	P	T	V	B	L	C	E	W	P	B	X	F	H	S	H	L
Y	U	O	S	E	S	Q	P	K	P	V	I	N	P	K	H	D	L	C	X
G	C	P	Q	N	C	D	E	L	T	L	I	V	T	Q	H	E	Z	L	E
Z	S	X	I	O	T	T	G	T	I	J	A	Z	C	A	K	W	T	B	C
F	U	Y	P	C	A	O	B	Q	R	T	N	F	X	F	E	N	R	H	M
Y	Y	Y	Z	B	A	U	Q	J	G	E	N	T	L	E	E	R	G	U	E
Y	K	P	P	Y	N	A	F	X	G	K	S	O	F	M	G	A	G	R	E
D	E	T	A	C	I	T	S	I	H	P	O	S	N	W	L	B	N	K	L
C	Y	T	K	Q	T	H	O	Y	H	K	T	O	E	F	C	V	A	I	W
O	N	C	A	T	U	D	V	T	O	R	R	F	G	D	J	N	Y	D	F
N	G	Y	N	R	O	X	J	D	D	I	T	C	L	T	S	E	N	D	E
A	D	L	U	Y	O	H	N	F	V	Q	W	P	F	M	S	G	G	Q	Z
W	Y	R	U	L	O	C	X	N	E	T	E	C	H	N	O	L	O	G	Y
A	N	G	J	W	Q	S	E	S	B	Y	Q	Z	I	O	D	A	Z	E	Q
U	E	V	C	A	U	N	I	D	B	D	U	N	J	A	O	D	O	M	U
G	M	I	T	L	W	H	W	J	O	M	X	T	O	C	D	D	D	N	O
E	J	M	E	O	I	H	O	O	Q	T	Y	R	T	V	B	B	I	Q	M

LE CACHET
LA ROUTE
OUVRIR
LA TECHNOLOGIE
DOUX
LA POCHE
SOPHISTIQUÉ

LE DRAPEAU
SUPER
SUR
L'ENVIRONNEMENT
LE DESSERT
LE SERPENT
DÉCORER

46

N B K O F U E Y M J U C Z U D X H V D I
S F Y V U Z Y F K L B I M O O F T C K U
Y X D C Q B F E L P R U P E X S Q M H D
K O L R Q H H Y I O D T A F O P L I I T
L T O A P B L P N C J D E E P U N P F C
G A M Z V J I F V N V U Z V I V X W Z O
W W B Y U N C U H S N C G T X G Q T U T
R I A R E H T A E W M I X V G D M W Z Q
G F J K C F M Y G X W W X Z B W H M J Z
S W B P G Y E U R X T Z J C O C B L N P
S I N C E E U G T W O R I W X D R Q W T
P L R A U J J G G Q C T M I O K H E R D
T V I M P N T F N R A J U P Z H L Z G H
H Y O F A P V Y C M R E J D G B S Q Z B
N O I T I S O P O P R U M Y A O K F A H
J P N C N D W T C Z Y E E R E V D V I L
S P O O N P U M P E G F O M I S W V O A
Y X Y X I A Y F Z F E D A Z D L K C P A
V E X Z E X X Q A C A T K K C E C H U N
C D Y U J Z K X T M Y G U C B P U W R M

ADORABLE
LA CUILLÈRE
PROFOND
MOISI
LA POMPE
AUTOMATIQUE
PORTER
LE CHIEN
VIOLET
LA MÉTÉO
FOU
DEPUIS
APPRIVOISER
LA POSITION

47

G	O	X	K	A	J	V	F	K	P	H	X	H	I	P	D	W	Z	Z	J
C	Y	S	A	E	T	Y	E	G	U	X	A	Z	S	I	B	W	Q	E	L
Z	U	U	K	M	W	R	Y	D	T	I	U	T	T	W	S	R	S	M	Y
E	H	R	R	N	E	Z	T	Q	R	E	J	E	N	S	U	G	U	I	E
Y	Y	I	T	H	C	V	O	K	T	S	S	Q	R	J	S	F	O	A	M
X	J	V	F	A	U	S	A	M	O	H	W	I	D	X	I	O	U	A	O
A	C	Z	E	C	I	U	V	B	Z	D	J	Y	W	T	G	Z	G	U	G
F	L	P	S	D	T	N	H	B	E	B	F	B	A	G	L	R	I	A	Y
H	V	X	D	L	G	C	Y	M	N	F	W	W	U	M	E	O	B	D	J
X	W	B	Z	O	K	Z	G	G	U	I	P	H	K	E	F	P	M	X	Z
Q	H	N	X	X	W	H	M	L	B	J	G	H	M	K	U	B	A	U	B
I	H	N	E	K	W	M	F	V	O	H	H	E	L	A	J	J	E	X	U
V	V	P	X	E	L	G	N	A	W	C	N	H	E	L	B	F	C	X	F
F	C	N	M	Y	M	Z	R	E	G	T	I	C	Q	W	Q	N	P	Y	L
S	W	B	K	U	S	W	G	V	Z	P	N	V	Q	U	I	R	K	Y	S
M	E	Z	J	P	J	G	F	Z	X	A	U	P	Q	H	I	U	Q	R	B
Y	R	N	I	A	R	O	I	S	D	V	F	P	G	N	A	P	L	T	L
I	B	I	V	X	J	K	T	O	H	W	V	G	B	X	H	O	Q	W	B
F	K	D	T	O	E	N	T	E	R	F	O	D	R	U	W	S	F	X	Z
J	C	Q	C	P	O	X	Z	M	E	R	G	N	U	S	X	O	M	P	K

EXCENTRIQUE
LA PLUIE
LES CHEVEUX
ENTRER
SAGE
L'ANGLE
FACILE

L'ACCORD
DANSER
LE RIDEAU
AMBIGUË
SAUTER
LE VIRUS
DUVETEUX

48

O	Y	C	T	N	Q	Q	T	K	O	N	X	W	W	Z	O	I	D	E	I
L	H	X	H	X	X	G	E	F	N	L	O	T	Q	R	M	Y	J	R	H
D	R	H	Q	L	E	F	S	G	A	T	E	V	O	R	P	P	A	O	T
B	M	B	N	K	V	Z	V	O	Z	O	P	T	E	T	M	V	U	C	Y
M	Z	P	P	T	E	U	G	K	S	H	G	O	G	W	O	K	S	E	H
H	K	H	W	U	R	R	G	I	A	A	G	Z	E	M	U	J	L	N	R
P	L	K	B	O	Q	A	U	S	B	R	S	E	Y	A	K	U	O	Y	A
H	M	X	A	W	H	E	I	B	X	M	S	U	O	I	R	A	L	I	H
B	T	M	Z	H	X	N	Y	N	J	I	G	K	W	T	S	V	V	J	N
I	O	A	D	T	Z	S	V	W	C	E	D	I	S	N	I	O	N	Z	B
R	D	T	B	O	T	J	M	I	D	B	W	W	D	C	U	R	G	R	R
F	I	G	O	P	B	T	L	D	H	U	J	J	Y	T	Y	X	F	N	K
Z	S	Q	O	P	E	F	V	E	N	X	Z	V	W	D	I	E	Z	O	A
I	L	Z	C	T	A	N	R	C	R	F	U	T	B	A	C	K	G	I	H
Y	I	U	Q	B	P	C	T	M	I	G	L	P	Y	J	W	O	Z	T	J
M	K	F	V	J	R	H	K	R	X	X	H	F	C	U	U	N	E	N	L
E	E	Y	S	F	M	W	M	S	I	L	B	A	K	K	Z	T	G	E	A
N	B	U	V	O	P	X	K	Y	F	T	I	N	D	C	T	K	X	V	O
I	V	N	O	X	W	N	T	A	U	U	H	C	Z	N	Z	P	G	N	X
R	P	R	Q	L	P	X	T	N	U	S	P	Y	S	G	S	A	G	I	F

LE BAIN
HILARANT
BLESSER
FAIRE SES VALISES
APPROUVER
L'INVENTION
À L'INTÉRIEUR
L'ARRIÈRE
FANTAISIE
NE PAS AIMER
LE TRAIN
GRAISSE
LARGE
JOINDRE

49

C	F	S	P	J	T	D	L	O	G	Y	L	B	S	M	I	T	I	X	L
R	U	A	F	O	F	R	G	N	L	H	J	S	O	B	B	L	A	D	Q
Z	S	D	P	T	Y	E	O	M	A	V	L	U	N	Z	U	T	V	T	L
E	Q	O	W	S	O	S	Y	P	O	J	T	I	Z	C	M	B	T	O	J
D	U	S	K	B	Y	S	E	K	I	H	B	B	P	G	Y	X	B	X	T
R	B	V	E	S	T	H	U	I	D	N	G	D	O	G	S	P	B	L	J
R	W	R	N	P	Z	I	W	B	D	N	I	M	S	Z	A	Y	L	P	E
Z	H	B	T	I	S	E	Z	D	T	S	W	O	I	Q	D	O	Z	I	U
J	K	S	D	L	E	T	V	X	Y	R	W	R	N	N	M	N	X	V	D
U	Z	E	G	I	J	I	R	Z	O	J	A	F	Z	R	I	O	V	U	K
X	C	W	M	W	I	C	K	W	O	I	Z	C	B	I	O	S	B	X	Y
N	Z	P	B	X	J	T	P	G	U	W	V	D	T	L	H	W	F	Q	C
H	V	E	W	A	K	M	R	E	D	E	S	L	X	L	L	M	Q	M	B
I	T	G	U	C	G	F	K	V	L	J	F	F	P	Y	H	T	W	P	T
W	O	R	R	O	B	O	T	A	Y	U	Y	Z	Y	N	D	K	X	O	K
U	P	U	O	S	U	G	M	B	N	T	E	D	J	Z	R	L	H	V	T
W	O	Q	J	F	G	E	V	S	E	R	G	L	E	R	O	T	S	X	S
Y	F	W	M	M	F	H	K	F	V	O	J	O	H	T	O	G	M	H	V
Z	E	Y	D	G	M	N	A	B	Y	I	T	X	N	N	D	I	W	R	J
E	M	U	L	O	V	S	T	C	C	I	F	C	Y	M	G	U	D	T	N

LE MAGASIN
SOUSTRAIRE
EMPRUNTER
VERSER
FEMME
LA SOUPE
LE GILET
LA SÉCURITÉ
LE VOLUME
LA ROBE
LA BOISSON GAZÉIFIÉE
LA BULLE
LA BOUCHE
L'OPINION

50

V	T	O	A	L	L	O	W	W	N	B	I	D	S	B	P	P	V	P	X
F	D	C	Y	S	B	R	S	V	E	C	A	Z	W	I	K	G	L	E	Q
H	V	B	L	S	T	Y	O	P	C	R	E	A	T	U	R	E	Z	U	R
N	H	C	S	R	O	W	S	G	Q	A	I	Q	W	M	N	R	H	Q	Z
A	U	E	D	F	T	T	B	M	R	B	V	N	S	R	E	R	T	Y	F
A	F	L	Y	S	K	K	V	C	I	E	D	R	O	H	G	T	O	Y	D
K	T	H	W	U	E	G	N	I	R	L	W	R	D	V	D	Z	R	L	N
E	N	E	E	X	K	S	C	N	V	L	F	S	E	S	V	R	E	F	P
N	E	V	S	X	L	Y	A	G	S	C	P	G	N	V	W	Y	P	U	D
I	L	C	P	C	I	Y	D	E	R	F	C	B	Q	A	R	H	A	V	S
G	L	V	M	J	Y	B	M	M	L	H	R	D	R	Y	O	H	I	E	P
A	E	V	U	K	E	L	K	V	E	E	S	M	J	C	R	T	R	C	Q
M	C	V	V	S	Y	H	M	E	A	M	R	J	J	R	B	W	V	D	B
I	X	M	T	A	M	T	S	P	R	I	L	O	E	U	G	S	W	M	E
O	E	N	R	U	H	E	Q	Z	A	W	N	B	T	H	V	L	J	X	D
T	H	H	I	R	J	P	R	Z	N	T	M	E	X	R	G	M	Q	K	O
F	X	I	G	L	X	U	W	J	T	U	V	F	A	I	D	Q	K	Y	C
F	P	A	S	D	X	J	U	L	N	H	I	J	D	T	M	F	C	H	F
B	H	U	A	W	E	C	Z	E	B	W	I	O	J	D	P	A	R	T	S
S	Z	G	E	C	G	I	R	O	D	V	K	E	O	E	T	A	T	S	A

LE NOMBRE
LE FROMAGE
EXCELLENT
LA CRÉATURE
LA PARTIE
L'ANNEAU
RÉPARER

IMAGINER
FRAGILE
LIBÉRER
RÉPONDRE
AUTORISER
MEILLEUR
SOIGNÉ

51

B	Z	R	G	J	M	L	I	R	A	E	W	R	E	D	N	U	U	T	N
J	I	I	K	P	R	W	B	O	R	T	O	V	A	M	L	P	Y	X	C
T	Y	J	P	O	J	U	Z	H	H	O	F	O	S	R	U	G	S	T	A
Q	I	G	L	R	T	C	B	L	Y	W	R	Q	Z	A	M	E	B	G	M
P	A	U	A	Z	M	S	E	E	D	A	A	R	K	O	K	X	J	R	S
D	K	X	R	A	K	X	U	Q	V	R	D	I	T	S	R	L	Y	H	C
U	W	W	B	F	H	Z	B	M	P	D	O	D	R	L	E	M	H	K	Z
U	X	Q	H	V	H	I	G	N	N	S	T	O	R	P	J	L	W	I	W
Y	S	D	B	E	V	N	D	F	V	G	O	J	D	P	L	R	F	P	C
D	K	Q	M	N	K	J	Z	Y	Y	L	H	Y	J	N	J	A	U	Z	O
D	B	R	J	O	P	B	G	J	S	V	P	C	I	A	M	Q	N	H	V
F	N	X	A	B	M	G	Z	D	A	K	I	R	E	Z	Z	G	M	E	S
I	O	S	K	T	T	Y	T	V	O	N	G	N	Z	R	W	L	I	W	T
B	L	F	U	Q	I	L	U	F	P	O	L	B	Y	A	L	Y	L	K	B
Y	T	Z	W	B	X	U	M	U	T	L	H	P	C	R	V	K	L	Y	X
G	H	U	X	D	N	T	G	E	S	K	F	D	L	Z	Q	L	P	N	I
Z	G	O	E	J	B	F	R	O	C	Y	H	Q	L	S	O	L	Z	D	H
U	I	J	Y	W	Y	D	A	F	I	L	T	H	Y	I	I	W	B	P	W
A	T	Q	O	F	V	N	D	T	C	Y	I	V	Q	F	H	K	E	J	C
V	U	Z	L	G	W	V	X	W	O	W	O	H	N	O	L	C	L	W	U

LA GRAINE
LA GUITARE
L'AVION
SERRÉ
LE ZOO
LE FRUIT
L'OS

VERS
LA PORTE
SALE
LA PHOTO
LE SOUS-VETEMENT
SOURIRE
L'ENFANCE

52

C	W	G	C	U	S	G	F	P	N	A	R	L	L	B	R	I	F	K	K
P	D	Z	V	Y	U	W	S	Q	B	U	I	N	F	I	I	H	Q	L	S
Z	Z	K	A	S	O	O	W	Q	O	O	N	E	S	B	F	E	Q	P	T
K	C	K	D	H	R	U	R	S	P	F	X	B	Y	A	R	P	S	O	T
Q	U	Y	F	U	E	I	Z	S	S	T	O	X	F	S	D	P	I	J	T
M	S	B	P	Z	M	B	O	X	S	V	R	R	X	T	M	O	S	Z	O
Z	T	C	R	I	U	T	D	B	H	Y	L	F	S	B	M	X	C	K	F
S	O	V	V	E	N	C	V	Z	E	Z	I	S	R	H	S	I	H	Q	G
G	M	E	T	I	P	V	D	Y	Y	Y	D	E	U	R	F	W	S	X	B
W	E	W	I	X	M	U	G	O	Y	Q	C	N	L	H	O	L	C	U	V
E	R	V	X	A	W	K	N	I	M	L	C	R	L	I	H	X	M	I	H
X	J	O	L	R	J	I	T	A	K	L	I	H	N	Q	G	Z	W	O	Q
K	Y	H	I	N	M	G	U	C	E	W	D	H	G	D	W	A	K	C	O
E	A	T	U	S	A	R	K	S	J	A	M	U	K	S	Y	I	R	Q	X
D	E	L	R	C	E	X	K	U	D	G	E	M	E	R	P	U	S	F	K
R	M	Z	S	C	W	R	P	X	X	T	B	A	X	V	N	H	M	B	Q
E	S	I	N	U	O	W	T	U	P	K	L	Y	C	W	W	L	G	N	Y
O	R	A	Y	T	D	I	I	B	L	D	S	S	O	J	T	I	R	E	D
K	H	W	H	I	T	E	V	T	O	P	U	N	I	S	H	P	Y	T	A
C	H	I	C	K	E	N	T	G	E	X	S	E	A	Q	G	W	I	V	T

AIGRE
VAPORISER
GÂCHER
BLANC
LE POULET
FATIGUÉ
L'ÉCRIVAIN

NOMBREUX
LA CHANCE
FRAGILE
L'ONCLE
PUNIR
SUPRÊME
LE CONSOMMATEUR

53

K	U	C	J	H	Q	R	K	V	Z	C	H	J	V	K	K	H	X	T	E
U	J	N	R	H	S	R	L	N	I	E	S	J	N	W	W	O	Q	C	K
S	L	K	H	J	C	O	E	D	J	A	I	V	X	W	G	P	A	V	M
Q	T	Z	M	K	X	G	Z	I	W	P	F	Q	C	D	D	P	O	Z	N
X	O	I	X	H	S	F	S	E	H	K	W	Z	V	H	S	A	F	Q	E
R	E	M	B	E	Y	E	S	P	T	Z	Z	G	V	W	E	C	A	X	K
M	T	A	B	S	J	O	G	L	K	U	U	P	U	B	A	O	M	R	A
K	I	H	N	Y	M	U	Q	G	B	E	K	A	F	V	Q	B	I	H	E
X	J	R	J	E	T	X	G	L	T	T	L	B	E	I	D	W	L	N	L
U	E	F	K	K	U	M	J	I	Y	L	D	R	A	W	O	C	Y	D	B
T	C	Y	A	V	R	D	U	O	K	J	D	B	T	Z	C	D	X	G	A
X	B	H	K	A	H	S	P	E	C	I	A	L	V	X	A	V	T	E	T
A	X	F	D	V	N	G	O	O	U	C	V	L	S	A	H	Y	G	P	E
V	Z	V	B	Q	C	W	T	O	M	V	Q	J	T	R	S	D	Z	Q	G
M	B	B	N	L	X	F	J	L	G	E	A	Y	S	A	A	I	D	G	E
S	H	H	M	B	T	P	I	X	W	V	M	P	J	B	E	X	E	D	V
R	J	H	X	Y	R	J	Q	H	Z	H	K	M	D	Q	C	H	C	Q	E
A	B	U	Z	F	D	F	U	O	V	U	S	U	E	U	P	B	C	M	E
T	V	G	U	T	N	F	C	B	Y	F	E	R	G	Q	Y	S	G	O	S
F	H	C	F	S	C	P	K	C	M	G	C	G	V	P	N	N	S	J	T

LE RAT
TRICHER
LE POISSON
GÉNIAL
LA FAMILLE
L'ŒUF
L'ESPACE
LA CAVE
LE LÉGUME
SPÉCIAL
L'INSIGNE
GRINCHEUX
LÂCHE
VIA

54

E	I	Y	S	A	P	X	E	O	B	L	S	C	C	Z	S	U	M	N	Z
J	N	N	A	X	J	Y	Y	Y	B	U	J	Q	E	C	E	A	G	A	V
E	Q	H	W	A	I	I	T	M	I	X	U	B	Z	N	W	C	D	L	V
Y	O	G	X	A	W	R	L	I	C	T	Q	T	W	O	D	I	O	V	Y
T	R	R	K	W	I	I	X	H	V	Y	C	E	C	I	M	T	Z	F	O
M	U	S	G	Q	C	V	F	H	A	I	C	S	R	T	Z	Y	M	M	Z
A	E	X	Y	P	U	K	Z	V	M	K	T	D	Q	A	W	F	I	S	I
K	X	V	Q	G	I	B	J	D	L	B	R	C	W	U	S	K	R	X	N
K	P	L	K	C	K	P	U	G	N	U	U	Y	A	T	I	K	P	W	M
B	Z	A	W	M	S	U	B	V	R	L	L	X	N	I	Z	J	O	B	H
H	G	B	E	J	N	I	P	U	Z	V	M	R	R	S	E	D	T	D	T
Z	L	P	G	H	B	O	Y	I	V	U	A	I	T	O	M	E	L	T	U
M	J	O	K	B	A	Z	I	V	Z	D	F	Z	N	M	L	G	X	B	K
L	G	S	W	S	I	K	Z	T	G	D	A	M	P	U	A	A	E	Z	K
D	L	O	C	N	T	W	B	X	I	B	G	Z	E	U	R	K	F	K	G
G	D	T	B	O	E	Y	L	A	P	D	K	Q	A	D	E	U	V	M	T
L	H	B	O	U	J	R	D	R	P	X	A	I	T	S	N	T	U	A	K
T	S	Q	Q	L	K	Q	K	H	T	Y	P	R	M	I	U	I	B	K	Z
S	E	A	E	T	X	G	U	F	C	R	S	M	T	P	F	L	K	L	O
L	Y	R	T	F	O	B	P	T	J	N	J	M	D	I	E	J	P	K	B

LA TABLE
LA TRADITION
FONDRE
HUMIDE
LA VILLE
LES FUNÉRAILLES
FROID

LE PROPRIÉTAIRE
L'ACTIVITÉ
BAS
LA TAILLE
LAID
LA SITUATION
TYPE

55

A	Q	B	K	L	C	J	V	S	S	V	H	C	G	J	O	H	W	E	R
D	E	A	U	N	P	Q	P	U	Q	F	K	M	X	S	I	M	Q	F	F
D	F	L	O	Q	F	A	N	L	C	X	K	Z	G	R	A	O	H	B	A
M	B	C	C	M	U	I	E	U	G	T	M	P	R	C	N	A	M	E	R
D	F	O	D	Q	M	L	G	B	W	F	X	P	Y	B	B	F	P	D	K
A	Y	H	L	J	Q	N	Y	V	O	I	G	T	R	P	V	C	M	V	K
V	H	O	Q	Y	L	C	K	Z	S	U	T	B	V	N	G	A	K	O	E
G	A	L	B	N	Y	L	T	I	W	Y	K	S	S	H	R	Q	U	K	V
H	D	I	A	N	K	N	Q	Y	Y	P	T	R	O	V	R	E	G	G	Y
M	U	C	T	U	H	I	H	S	W	C	R	X	E	E	K	I	L	N	U
T	W	N	T	F	A	G	S	M	B	E	I	L	Y	B	R	Q	T	F	M
C	S	Y	L	Q	A	H	Z	P	G	M	O	P	W	T	O	P	O	S	T
H	D	G	E	O	E	T	T	Q	C	U	Q	X	S	E	N	Y	L	K	H
G	Z	R	E	N	N	I	D	B	S	S	G	W	H	T	S	A	O	C	Q
Q	T	A	K	S	O	A	C	M	H	N	J	D	A	R	A	D	T	E	U
O	Y	F	K	P	A	M	S	I	H	C	P	K	Q	Y	N	A	O	L	F
H	P	H	T	W	D	P	K	L	N	S	E	Z	C	X	W	W	D	V	X
O	T	K	U	A	R	G	V	O	O	L	F	X	Z	O	J	E	B	S	M
K	I	T	Y	L	W	L	P	P	S	S	C	T	T	R	Z	T	G	G	K
G	S	C	W	Z	F	B	J	Y	A	R	B	O	I	L	A	H	L	Y	J

LA CÔTE
DRÔLE
ÉPICÉ
MERVEILLEUX
ALCOOLIQUE
REGARDER
LA NUIT

POSTER
CONTRAIREMENT À
LE DÎNER
MOINS
L'HUILE
LA BATAILLE
LE LIT

56

N V X N T E H P P C F X B A X I B F D N

O A H O O C C P Y K A H S D F H D M Q G

U P J M T D X M D V W E B A V N R A Z N

K D I X U E C I R P D K Q U I J F R Q O

T D O X R J L B R S E I X H H L J R U L

O J K W N Y T Z W I D D E E Y P N I J A

O M D P Q H O J E L I B L F Z O T A J U

T F E W Z A U P D A J U A Q P S Q G B X

H U M I N R N D K W V P V X L R W E O F

P R O S L B P D O E P E E T I L P B U P

A U T Z H O A Q V H X L W P Z W N I O N

S X R M P R C K U F B T E R W F H F S L

T C L E G A K L D A I L Y N C P C P C J

E S V L D Z P H C T A R C S O T M C S D

R G B A I D C P L G B H A M X X H Y Z W

Q K E S B J A E X C A Q D N R I M Z Z V

L E F G W S Q L L G Q E B J K H U P E T

P O X T R G Y L O L Z E O S G O J Z C S

Q W Q L L T I K F J A F H M O W U O P F

Q Y B X U C H D H I Q R E G Z V C Q N Z

MÛR

TOURNER

LE DENTIFRICE

DERRIÈRE

LE LONG DE

GRATTER

L'ÉCHELLE

DÉBALLER

LE PRIX

LA CAVE

LE PORT

PRÉCAIRE

QUOTIDIEN

LE MARIAGE

57

V	O	R	M	T	P	H	T	U	B	S	X	D	Z	Z	Q	F	A	S	Y
M	E	R	V	P	P	D	T	K	I	X	U	V	G	D	J	D	C	Y	C
W	T	W	L	B	G	P	P	X	O	H	B	Z	M	L	M	H	N	P	R
Q	A	X	O	A	A	H	G	F	P	Q	Q	E	L	G	N	A	I	R	T
U	R	F	S	M	A	G	A	Z	I	N	E	L	A	D	S	B	I	Q	P
A	T	Y	B	K	Z	I	E	V	P	Y	L	I	A	G	R	B	W	B	F
R	N	Q	W	N	L	P	L	Q	Q	E	Y	V	G	E	Y	P	O	F	T
T	E	N	I	U	F	A	P	X	Y	V	Z	L	E	M	K	T	V	Y	N
E	C	B	R	Z	Q	Z	D	O	I	I	L	G	V	F	O	C	C	T	W
R	N	E	V	C	Z	T	T	U	F	J	H	J	O	P	X	L	I	E	D
P	O	M	A	R	E	M	Q	Q	A	F	Q	M	R	P	B	O	R	R	D
I	C	Q	T	R	M	G	R	W	H	U	J	E	P	T	X	T	D	O	R
C	O	G	C	Q	G	C	T	Q	O	C	S	N	P	L	P	H	Q	F	J
I	T	Z	H	F	G	E	K	J	N	S	F	S	A	C	I	E	Q	E	P
W	V	S	P	U	P	Q	E	T	A	L	L	B	S	P	T	S	L	B	K
K	Z	Z	Q	O	B	S	T	S	C	G	V	N	I	W	S	D	U	W	Z
D	H	E	P	I	K	Q	Y	D	L	E	G	M	D	S	V	W	G	Z	A
P	U	O	R	G	O	I	I	X	O	V	S	Q	O	J	A	I	O	L	N
V	X	D	G	C	E	E	C	X	V	S	K	U	T	N	W	S	K	R	T
X	R	U	V	A	V	A	I	L	A	B	L	E	G	F	E	H	A	Y	L

DÉSAPPROUVER
L'ÉCHEC
LE TRIANGLE
LES VETEMENTS
LE SOUHAIT
LE MAGAZINE
LE GROUPE

PRESSER
SE CONCENTRER
AVANT
LE VOLCAN
LE QUARTIER
CRIER
DISPONIBLE

58

R	E	V	I	R	D	X	V	I	T	F	Y	R	W	J	M	O	N	A	Y
Y	W	A	T	A	C	X	W	W	U	L	Q	I	F	S	M	A	L	E	L
T	O	P	E	R	F	O	R	M	R	L	N	M	V	G	B	O	D	K	P
O	I	R	A	I	U	C	N	H	G	D	O	O	Q	K	P	T	F	B	E
V	H	M	Q	N	F	R	K	E	F	R	I	E	N	D	C	N	C	P	R
S	F	N	S	K	Z	F	A	I	I	U	M	M	V	L	N	L	E	V	O
E	I	Z	X	K	V	N	T	G	C	X	D	V	I	I	X	Q	X	T	T
I	R	X	T	O	H	L	J	H	J	K	W	R	R	W	C	Q	J	O	C
N	M	P	X	M	X	G	T	T	N	V	C	P	U	F	D	U	P	G	Z
O	W	J	W	D	M	P	V	M	Z	R	O	X	M	G	H	E	X	K	G
I	L	A	X	F	W	C	X	J	B	M	P	P	O	X	S	L	L	A	G
T	M	Y	D	Q	X	M	A	I	Q	E	P	G	G	H	L	V	M	G	X
C	I	V	O	C	S	J	R	B	N	Q	U	K	D	G	U	H	M	A	K
E	S	S	J	D	T	Q	U	Q	J	H	Z	V	V	X	V	F	J	N	R
N	H	S	U	R	B	H	T	O	O	T	J	D	C	L	V	J	P	Y	M
N	E	N	B	B	G	Y	Z	C	L	Z	H	O	M	E	L	E	S	S	P
O	H	P	S	Z	R	H	M	E	C	U	K	P	T	P	K	R	Z	L	E
C	T	V	T	R	S	R	Y	U	X	Y	V	U	Y	X	Y	K	C	Q	Z
Y	Y	H	H	T	W	X	N	O	I	T	C	E	R	I	D	G	N	J	Z
J	W	K	B	U	K	A	T	R	Q	G	B	T	U	Y	M	Q	C	C	X

LA CONNEXION	LE VENT
HOMME	LA DIRECTION
EFFECTUER	RÉPONDRE
LA BROSSE À DENTS	LA HAUTEUR
SAUVAGE	SANS-ABRI
LE STYLO	LE CHAT
L'AMI	LE CONDUCTEUR

59

D	T	C	B	L	V	F	M	S	H	Y	K	D	E	C	D	E	W	Z	W
A	P	W	N	F	B	B	N	Z	U	T	A	E	R	T	O	T	X	W	B
E	U	O	I	W	T	O	H	E	U	H	Y	G	S	U	M	H	U	J	A
N	U	L	S	F	X	G	H	K	A	O	F	U	B	O	J	Y	C	C	E
V	U	G	E	G	S	P	M	C	I	A	Q	S	L	Z	B	Y	T	O	V
W	E	O	A	L	B	Z	R	U	T	V	D	B	K	U	Z	O	O	Q	R
O	H	T	M	V	L	Y	W	P	P	V	Q	E	V	T	E	I	W	N	E
Q	T	E	T	U	O	R	E	N	H	W	D	K	A	S	Z	N	I	B	S
H	V	B	A	I	Q	T	G	X	H	A	J	K	C	X	W	D	M	I	E
M	E	L	I	M	S	S	Q	I	G	R	H	A	Q	E	Q	K	D	I	D
L	S	W	L	O	D	O	U	N	A	L	P	U	Z	P	H	C	H	F	O
T	E	J	T	R	M	N	R	R	R	E	W	C	U	N	S	U	J	D	T
I	N	S	J	H	G	G	B	Y	I	V	L	P	K	P	E	R	I	I	L
E	C	E	U	Q	R	L	E	Q	L	N	G	O	O	H	N	R	C	C	K
S	Y	Y	T	O	P	O	M	S	A	U	E	R	U	S	A	E	M	O	T
E	U	Q	W	F	H	E	T	I	V	N	I	O	T	D	T	N	C	K	B
I	P	T	D	K	D	V	W	T	U	J	P	R	S	X	L	C	O	M	N
S	G	R	S	Z	R	H	W	X	V	G	O	V	C	E	O	Y	M	K	F
N	Y	I	H	S	U	R	O	T	P	M	K	U	K	N	H	J	H	T	L
Z	S	N	L	U	W	Q	J	H	W	L	M	H	Z	O	K	J	G	D	W

BRILLER
AVANCER D'UN PAS
SE PRÉCIPITER
LA TENTE
LE SOURIRE
MÉRITER
POUR ÉCHAPPER À
INVITER
MESURER
LA CHANSON
TRAITER
LA MAISON
LA DEVISE
VAGUE

60

```
S Q Y M V Y D M W I N E X P E N S I V E
N J I M A G N W L G H B N N M A P K M O
P Q V T J L I V A H C S E D T C L S X K
W Z Q E E J A F L E C C M K Z F O G M X
G M O S L S L Y P Y S O I W W J N Z P G
M R V U B P P I M D K K B N F I D G L Z
M E J A A O X M V R B Z D B D Y E F Q R
U S E P E T E I X E V I Z L T P C Q T Z
F H I O G L O F Q L A M I F U L N V T M
G Q I T D E T G N Z V U E R O S A K W K
V M J Y E S D R G F B L X P A D M B Y L
P H V Z L S C G S O E T I W Y Z R W K P
U F R U W G U L D F O E P E M M O E U L
B B O U O R U P Y E H U J U K Q F V X A
U U P H N L C S M A S J G T T Y R O U T
I K T G K O E T E X T U R E W G E Z F E
C O S P T U Y N H R X X B M X V P S U R
R G M O T O N O T I C E R S X L J P H E
Y K X Q E N T I T J I B S Z K L E V O U
O Q N D Q O D Z J X W X I X K N F W T C
```

ARRÊTER, METTRE EN PAUSE
L'UTILISATEUR
PEU COÛTEUX
LE BÂTIMENT
BIEN INFORMÉ
LA PLAQUE
DOULOUREUX
LA CHAUSSURE
LA TEXTURE
CHAUD
REMARQUER
EXPLIQUER
IMPECCABLE
LA PERFORMANCE

61

P	B	I	L	R	C	P	C	N	L	N	Q	K	T	T	D	E	E	D	Y
M	V	R	V	U	M	K	S	Q	P	F	F	A	B	H	N	F	A	R	N
W	U	G	P	C	I	P	O	T	X	I	N	W	W	M	H	Z	J	I	F
T	R	Q	I	O	V	M	A	O	V	S	I	L	E	B	Y	A	F	K	G
R	R	B	E	A	B	E	T	H	T	V	C	A	P	A	H	K	A	E	X
Q	R	D	F	U	T	Z	B	U	N	E	E	D	L	E	D	B	X	Q	V
Z	X	J	T	E	Y	G	D	N	I	Y	G	G	C	Z	E	Z	M	O	L
G	F	T	E	L	G	E	X	T	C	O	W	N	Z	W	I	D	K	I	V
Z	E	F	L	Q	N	S	J	R	L	E	C	S	K	R	X	N	O	C	R
R	O	W	I	T	I	C	K	E	T	I	Y	T	Q	K	U	E	S	W	G
D	Y	F	M	N	A	T	R	R	O	P	X	K	H	W	V	H	R	R	S
R	V	P	S	O	F	F	U	S	X	Q	R	U	X	T	Y	C	N	F	Q
K	H	X	O	B	D	N	S	E	R	W	J	E	A	X	J	P	U	R	V
W	V	E	T	P	L	D	X	U	A	J	B	O	Y	B	H	W	P	Y	A
L	W	H	T	I	W	G	W	R	C	Z	M	O	T	X	S	D	Z	E	X
R	P	I	S	L	A	R	T	Y	Y	C	F	R	G	F	C	N	P	A	G
B	W	W	Z	O	M	E	Y	F	L	A	E	L	E	I	J	O	P	O	C
A	O	H	I	G	F	E	J	C	T	O	C	S	E	Z	R	Y	G	D	U
T	M	B	N	Q	B	N	R	E	N	N	I	W	S	R	L	E	P	I	O
S	P	K	U	O	K	Z	V	R	E	L	I	G	I	O	N	B	J	V	K

L'AIGUILLE
L'ÉTUDIANT
VERT
AVEC
LA RELIGION
LE BILLET
LE SUCCÈS
LE GAGNANT
BON
LE BEURRE
LE SUJET
CHASSER
SOURIR
AU-DELÀ

62

U	R	J	F	A	C	L	L	K	W	N	K	Z	M	H	U	P	M	F	K
U	O	K	D	U	Z	E	P	L	R	L	A	H	L	T	X	M	V	N	C
P	T	N	P	I	E	C	P	Q	E	T	H	V	T	S	A	O	I	R	U
A	Z	O	U	K	P	I	M	G	D	Z	Y	M	K	V	B	P	W	Y	N
Y	G	I	O	G	T	L	H	X	R	L	E	I	R	P	I	F	Y	R	I
T	M	R	R	D	T	O	U	Z	O	L	C	I	R	C	L	E	E	H	R
E	A	M	S	S	C	P	G	V	B	N	C	J	U	G	J	D	P	I	Q
R	N	E	O	V	S	O	H	O	D	X	V	Q	P	A	O	Q	K	S	V
P	Q	I	H	B	A	L	R	J	M	I	V	P	Z	M	N	B	U	T	H
D	T	I	L	K	F	P	B	A	R	G	O	T	A	T	N	P	T	O	E
J	F	W	V	Z	H	A	U	C	B	L	I	E	E	M	U	Y	V	R	P
E	U	Q	A	A	R	L	E	X	V	P	I	O	B	P	D	A	R	Y	C
L	A	L	U	W	Z	C	W	H	D	W	Z	A	R	W	S	R	K	V	K
E	K	Q	Q	V	T	O	A	W	X	J	N	Q	T	E	D	Y	P	R	X
R	Z	W	N	F	Q	T	G	D	K	M	V	N	H	A	A	A	D	P	P
E	G	A	X	O	T	Q	H	E	F	G	U	Q	K	P	G	R	W	F	F
R	A	G	M	Q	G	X	O	U	K	D	K	J	X	Z	E	J	H	B	L
S	N	S	O	Y	R	L	S	J	W	J	V	X	Q	A	T	E	E	F	I
Y	L	B	R	T	I	G	T	B	T	V	U	A	Q	E	J	O	V	W	W
Z	O	X	H	M	D	V	S	F	T	Q	Q	I	D	F	D	U	Q	U	Y

ATTRAPER
APPLAUDIR
ROSE
LE PISTOLET
LE CERCLE
LE PROBLÈME
LA CHALEUR
MODERNE
LE FANTÔME
L'HISTOIRE
LA QUEUE
LA POLICE
LA FRONTIÈRE
LA LIGNE

63

Z	N	S	F	R	L	G	V	T	B	I	E	H	N	P	B	B	C	D	R
R	R	B	M	D	D	Y	D	Y	A	D	I	O	O	W	C	F	Q	T	E
E	R	X	V	W	Y	M	Q	K	U	L	I	Z	T	P	D	Q	B	M	F
D	R	Q	O	O	F	W	Y	G	U	T	I	R	O	C	E	G	B	U	R
N	P	Q	I	Q	K	O	X	I	I	X	A	K	S	K	K	M	T	D	I
U	D	T	Y	L	R	A	E	T	J	L	R	N	Z	L	U	A	Q	U	G
F	N	Z	S	Z	I	Z	E	J	Q	Q	G	H	V	C	L	N	T	G	E
T	D	J	C	N	R	P	B	I	T	E	S	I	Z	E	D	A	W	A	R
L	S	U	F	K	M	W	A	B	N	P	Z	F	K	G	I	G	Q	J	A
C	R	J	C	O	B	S	D	L	O	C	B	A	E	C	P	E	N	Z	T
E	B	I	C	K	B	E	A	Z	D	Z	G	F	O	F	H	R	U	J	O
N	X	A	T	C	Y	Q	R	U	F	N	W	I	Q	L	T	Z	G	C	R
J	Q	F	H	R	P	I	Y	J	O	I	U	I	I	O	N	L	D	T	G
N	L	N	K	Q	L	A	H	H	Q	G	Z	O	C	W	Z	H	M	V	G
Q	J	S	T	M	R	Q	K	P	P	U	T	Q	S	E	M	O	R	F	U
D	O	T	Z	D	R	Q	H	S	F	S	D	A	Y	R	E	M	N	P	B
N	C	T	E	Y	U	K	I	O	D	H	T	S	S	L	B	R	M	X	K
N	E	Y	O	E	N	M	H	Q	P	N	N	D	P	O	C	C	T	O	B
Q	F	H	Z	B	W	D	G	T	G	C	O	O	V	K	D	E	U	I	G
S	Y	K	C	U	L	S	Z	L	J	I	P	E	H	Y	W	X	H	Q	M

DEPUIS
LA FLEUR
LA COMPÉTITION
DE LA TAILLE D'UNE BOUCHEE
L'ART
LE SON
CHANCEUX

LE DIRECTEUR
TÔT
HUMIDE
DOUX
LE RÉFRIGÉRATEUR
SOUS
LE TRAITEMENT

64

E	K	A	C	N	A	P	N	W	X	C	E	K	O	Y	R	L	V	R	P
E	D	I	S	L	U	B	T	D	L	T	S	K	F	Q	X	O	I	O	R
X	L	P	C	J	V	Y	G	N	Q	G	R	C	R	K	X	O	P	B	T
V	R	X	E	C	D	P	H	X	B	J	J	D	S	H	U	R	H	Q	L
I	Z	R	U	D	T	O	X	J	A	S	U	Z	B	I	J	Z	U	O	J
Y	W	C	F	C	T	M	V	Q	Q	G	D	I	B	N	A	B	E	V	H
L	E	G	W	F	F	W	J	C	D	J	Z	E	D	N	T	Q	H	Y	E
J	W	V	L	F	W	U	D	K	M	N	X	A	J	O	J	Y	A	T	J
N	J	O	A	V	D	P	C	G	E	S	D	S	I	C	D	F	K	D	J
A	O	B	X	M	D	I	X	S	U	X	Y	P	B	E	K	Q	Z	M	Q
R	H	D	S	H	R	B	J	Z	W	P	D	G	E	N	G	W	K	J	C
F	A	R	E	T	Q	O	W	D	O	V	F	J	M	T	A	C	Z	L	R
Z	P	K	X	L	E	W	F	R	D	T	P	S	T	O	H	U	G	M	P
L	T	J	P	Z	I	E	U	J	G	M	N	D	R	A	B	X	R	C	S
N	X	L	A	A	D	A	R	D	M	T	F	R	U	J	V	I	O	Z	G
E	E	R	U	T	V	Z	T	T	W	G	O	V	E	R	N	M	E	N	T
J	T	G	W	V	V	E	L	E	S	W	P	W	R	L	F	E	Z	B	G
I	N	K	N	U	R	D	H	E	D	R	P	M	A	O	F	K	Q	M	B
H	O	T	O	R	E	A	L	I	Z	E	H	E	H	S	Q	L	I	S	L
C	C	Q	D	I	Z	N	U	E	M	H	T	J	M	D	H	F	V	E	H

L'ASTUCE
LA JAMBE
LA CRÊPE
LE PLANCHER
INNOCENT
LE CONTEXTE
LE GOUVERNEMENT
LAVER
LA RUE
CALINER
IVRE
RÉALISER
LE CÔTÉ
DÉTAILLÉ

65

A	W	B	C	B	Y	C	G	N	R	G	H	W	U	Q	V	X	H	C	J
Z	Y	Z	L	P	S	C	D	T	G	E	R	E	N	P	H	Q	B	T	M
Y	B	Z	O	W	Y	R	R	W	P	T	T	U	A	L	J	T	U	C	B
C	A	B	Q	R	C	N	U	P	Z	B	H	N	P	L	N	Y	U	F	F
L	B	V	B	I	R	W	W	R	V	O	U	Q	E	V	T	I	Z	R	I
O	B	B	A	D	E	S	H	Z	G	E	U	O	I	P	R	H	D	N	E
C	W	O	J	S	C	B	O	P	Q	H	C	F	L	Q	R	N	Y	P	I
A	Q	Q	R	R	O	T	A	L	U	C	L	A	C	E	T	A	A	X	H
T	J	V	W	F	T	M	D	A	U	P	L	A	W	T	A	X	C	F	Q
I	Z	H	P	H	E	R	C	G	H	T	P	M	A	J	V	W	U	J	A
O	G	M	T	U	O	M	V	M	P	X	I	M	O	Z	P	Z	T	H	S
N	B	I	Y	W	F	N	U	M	W	C	A	O	V	Q	S	K	M	U	H
D	Z	W	T	K	T	K	F	W	X	X	Q	Q	N	M	E	S	S	Y	N
C	R	S	L	O	U	T	S	F	E	E	L	J	C	F	N	W	F	C	P
Q	N	O	Z	E	F	G	Q	R	N	O	U	M	K	Z	E	Q	G	Q	Y
R	R	T	W	C	V	O	N	P	P	X	N	O	B	N	Y	H	E	F	D
E	Q	J	E	L	Z	J	R	I	O	P	D	L	P	I	R	F	M	M	E
E	Y	C	W	I	L	C	V	C	Z	X	R	E	G	Y	H	I	I	G	E
Q	Y	E	R	H	O	T	Z	O	E	C	N	E	R	E	F	F	I	D	M
J	W	A	P	J	U	C	R	D	D	W	X	K	V	Q	G	I	K	E	V

NOUVEAU
NAGER
LA CALCULATRICE
LA SOLUTION
LE BÉBÉ
FORCER
LE MOT
LA TAXE
L'EXAMEN
EN BONNE SANTÉ
DÉSORDONNÉ
LA DIFFÉRENCE
L'EMPLACEMENT
LE CHARPENTIER

66

V	R	C	L	P	D	Q	K	S	F	I	R	E	N	O	F	E	D	E	V
H	E	E	B	K	F	P	K	U	B	O	P	R	G	J	R	W	I	Z	E
B	G	Y	Z	U	I	L	K	B	E	V	O	V	I	O	H	O	I	J	S
Y	U	G	A	J	R	S	U	J	O	U	V	U	K	C	G	F	J	I	C
K	L	R	E	L	K	I	Y	P	R	L	Q	D	M	Q	E	F	R	I	D
L	A	E	O	Y	F	V	L	O	Q	E	B	M	I	W	I	D	E	R	R
E	R	N	U	B	E	D	B	T	K	C	A	S	P	O	G	X	B	D	S
O	Y	E	M	D	H	Z	A	X	C	P	C	S	M	N	F	E	S	U	A
C	V	V	C	D	S	I	S	U	S	N	O	I	O	S	H	A	L	M	U
T	F	P	T	L	R	Y	T	X	A	Q	G	R	B	N	K	P	F	J	H
G	F	J	N	H	G	E	O	V	L	A	C	I	D	E	M	I	G	C	J
K	X	Y	T	X	G	N	O	O	Y	S	V	E	U	O	D	K	K	C	O
C	A	O	P	R	U	D	W	Q	N	N	A	B	R	X	T	K	W	U	T
F	T	O	K	F	T	S	O	R	S	C	S	U	E	N	J	L	F	R	I
B	J	W	N	Z	R	O	O	Q	W	Z	F	X	N	R	Q	S	V	W	O
F	Q	N	K	K	D	K	D	H	K	S	C	F	A	G	B	U	P	S	J
I	C	M	L	X	G	M	E	Y	I	H	F	R	D	Y	W	O	E	Q	P
S	S	N	H	P	W	C	N	C	F	J	J	Y	N	Z	T	F	N	E	L
U	G	Z	S	W	J	Y	H	I	Y	Q	E	I	U	U	C	Q	Y	P	N
P	C	G	U	L	F	Z	U	M	S	T	A	U	M	W	E	R	Y	I	E

RÉGULIER
ROUGE
BANAL
LA NEIGE
LA REINE
LE FEU
MÉDICAL

LE SAC
LAISSER TOMBER
LE POT
LA RAISON
EN BOIS
MIGNON
L'ÉNERGIE

67

L N K N I F E Y J R T G J S Y I K D Y E
F M O R C Q Q P Y Q J C Q E E U W L U Z
F K B X O H C G M Y N G G O J P E C I D
R Q U Y A G I M J R P E B K T A N B P K
A W E N T X J G M F X N C X S W U B B F
C Y D Z E Q X F H B H A F K J D T W S W
S Y Q R X V K J K B A S W W I A L B T V
P L E K A P K K J V G G X C M X N O F J
J N K B C E R G K T E W L E K V C B G Q
O Y G A A U N M U L R O B W N H F H Q J
T A V N F H R X K A R H R A A B K C H Z
J G E Q I I H T B Z E M W N Q C A I S X
I E C U T V S U C N E V G O T J L W O Q
P L Q L R S L I U P B E C B W I K X N Y
P T K A Y D I E D O M V I L I B H B M Y
R T A F Y D H H W D U Z Q W R W P X F F
E I V O M K A U Y F E P E X V W Q E M Q
P L R E P P I Z Z C B D H P Y I B P X P
P D Z K K Y T O D E S C R I B E Z K S M
U Q S D E C E X A T D T O U G H H F Y O

L'ÉCHARPE
LE FILM
LE MANTEAU
LE COUTEAU
LE CAMION
LA FERMETURE ÉCLAIR
DÉCRIRE

PRÈS
DIFFICILE
LE SAC
LE COU
PETIT
CHANGER
PRATIQUE

68

R Y D Q V Y E N R T W G X A Y W Z D N G
N Y H A V Z T H L D U H X N E K Y O T B
L S Y G Y P P A H K T Y C Y L D X O P C
M O T W C H R V L B Z O J Y M R W L Q L
T H A V T S H O N T F U B G W R A B X V
Y C O E V A P C F E J T B Z A X F C T L
O V K M U U T K P I C H M P Y I G X O N
G I Z G A Q O H B L T F B G Z B I C D E
S D U S R S P E D Z E U K M B L Y G E U
K B N C F O U G X Y F L K Y N I H S C A
V E Y W U T S A Q E Z M R T A E L Y I M
F F S P K Q H T U R G K Y F X P A G D O
D W O F L H C N A U N F Z N C H J T E U
H N U W U T J E E T G O K R Y X Z S C N
C N W C Y P W C A I J O S E E Y I J H T
K D Z R F O K R G N U T U W R I K B R Z
B U Y Z X H Q E T R Z M Y T Y A M I H T
H J Y L K Q D P M U K X I F A Z H P W C
M G O R A K G J L F S Y V S I G B L T C
I O E B B M P G Q Y M I Y V Y S F A M N

LE POURCENTAGE
SQUASH
POUSSER
LE PROFIT
DECIDER
LES MEUBLES
SUR

ENVELOPPER
LE JOUET
CONTENT
LE SANG
LA QUANTITÉ
BRILLANT
JEUNE

69

X	E	Z	T	X	E	A	E	L	L	R	Q	S	R	W	B	K	O	U	K
E	F	Z	H	E	A	N	K	O	X	C	B	F	T	O	A	G	L	E	E
N	Z	F	W	R	O	R	N	W	Z	Y	V	O	T	R	O	Q	M	E	N
Y	K	P	N	J	H	V	J	K	I	P	V	T	D	D	A	Y	Q	A	I
U	S	G	L	F	X	Z	H	C	L	X	L	Y	J	C	U	W	B	V	O
U	U	X	B	A	F	C	A	B	P	E	M	T	V	H	K	O	Z	T	B
U	I	C	I	I	X	N	O	I	S	I	V	E	L	E	T	J	U	N	J
U	X	I	T	O	C	F	R	K	C	L	U	Q	W	R	I	S	T	E	B
A	W	P	W	X	C	O	Z	T	A	S	Y	L	M	O	U	H	G	V	J
G	I	A	E	Z	D	H	Y	U	E	U	A	H	K	M	J	X	N	N	L
F	T	Q	M	H	H	T	O	L	B	D	L	G	T	T	J	N	W	I	R
A	T	A	L	E	N	P	E	R	J	A	C	M	B	X	N	O	F	O	Y
O	F	O	J	A	F	S	L	Y	U	Q	C	A	L	U	N	T	I	T	H
I	D	I	Z	L	S	W	T	B	H	T	L	X	Q	T	T	O	H	U	M
M	H	Z	T	T	B	I	M	F	B	T	O	S	N	O	R	E	E	H	J
A	X	G	S	H	L	X	D	O	D	E	E	S	C	S	G	R	R	A	V
T	R	V	I	A	P	N	H	F	A	K	E	C	T	U	J	V	A	H	Z
A	P	K	U	E	G	N	A	R	T	S	D	C	E	A	R	I	W	L	R
M	C	Q	B	J	R	A	J	L	V	I	H	S	Y	O	Y	I	H	T	T
N	L	Q	H	M	U	O	S	L	C	Z	T	J	W	Z	S	O	D	Z	S

LA QUALITÉ
RONFLER
INUTILE
INVENTER
À FREDONNER
LA PAILLE
LA SANTÉ

RESTER
LE POIGNET
EXCLURE
ÉTRANGE
LA TÉLÉVISION
LA BOUTEILLE
L'INVITÉ

70

F	N	A	V	N	M	D	X	W	B	B	K	P	V	B	K	D	E	A	V
J	F	N	R	Q	B	B	A	I	H	T	S	V	G	C	E	Q	W	D	K
O	M	Q	O	W	I	Y	I	S	R	L	U	Y	E	F	C	E	V	M	B
T	T	W	F	R	M	R	U	K	H	Q	L	G	A	W	K	N	N	F	K
R	E	D	N	U	H	T	M	J	F	E	P	I	A	U	L	W	U	Y	S
N	T	U	Y	Y	X	V	I	W	M	W	R	H	V	F	W	M	A	V	D
P	S	H	N	B	M	N	J	T	N	Y	K	D	E	F	G	T	X	U	T
S	A	V	D	W	H	N	X	X	E	C	P	O	R	Q	C	J	X	X	S
B	T	K	R	B	Y	A	Q	A	M	C	W	V	A	Y	A	P	P	R	N
R	M	T	N	A	L	A	H	C	N	O	N	S	G	F	F	X	I	N	N
O	X	F	T	Y	V	V	V	J	F	D	K	Y	E	W	O	K	H	L	L
K	G	Q	X	F	Q	R	C	X	B	A	N	M	N	O	D	K	S	P	V
E	Q	S	X	H	O	I	K	J	U	E	U	N	K	K	E	K	N	Z	Q
N	Y	Z	X	T	N	I	T	M	U	H	I	Z	I	Y	X	C	O	E	D
R	P	I	A	F	H	V	Q	G	Q	W	O	E	E	R	Z	O	I	O	Q
B	I	O	N	T	U	W	Q	M	S	Q	P	E	N	O	Z	H	T	Y	I
G	B	F	R	F	H	R	P	C	M	X	F	N	G	T	H	S	A	C	D
V	R	Z	H	C	N	C	D	S	O	J	W	T	I	S	W	O	L	A	Q
F	X	L	J	D	P	O	T	A	T	O	U	R	N	U	B	T	E	H	M
N	H	X	F	F	X	S	U	K	L	N	C	Y	E	P	I	F	R	K	N

PLUS
LA FÉE
LE TONNERRE
LE MOTEUR
MOYENNE
NONCHALANT
CASSÉ

LE GOÛT
L'ENTRÉE
CHOQUER
LE BATEAU
L'HISTOIRE
LA POMME DE TERRE
LA RELATION

SOLUTIONS

1

```
B M F F B C M M I O X X S V E R S U S A
U V E U R U G O N T N L J T H G Q C M I
O Z Q T F X T E Y Z J P I J R Z C C P Z
A P X S O U V T H B V O K A G A Z D P W
T W L T T E X A D G S B D Q E R I X N W
X I W E X X H R Y P G D I S C W H G A A
C H H O H X W Z L B J Y D G V N G G H L
A Y M W D O X T M D I M N N Z G I Y M T
L U S P K N T C X T P H N Z A L Q D I I
C O M M U N I T Y B C F P Z D R U J F E
M Q H J X F W W Q L S E M V T Z P B L R
L Y W H A Q I K G K O I F O B I E A H X
M G N O R W I R Q N I O P R D J E L A S
K T B D Y Q R S S Z D D H I E R P V P G
T E H O B V H Q O T A E A C P P R Y Q F
E P B H P G W L Q I N S L S S D M W D F
O H O C L U B K N R N K F D U C R I I X
J U R T A O S P T R K O F J W N A Y R U
Z D C Y P K S T T O Q U Z X I X L P O Y
B J Z X I M E A M J G J A U I S A T P M
```

2

```
N N V E U D E Z D C A W I Y V Y E P P X
U I F C C X O K G O X N V K E U J X P U
F I D L H R K E Y B O A R D W E Z A T M
X N X F E D B S L B H G K A Y Z B T S A
L N T S X G S L X V G B M G F N P C S B
G C U O Q D Y I L N G C O A P L O A T Y
J L P J R J I Q S I N F E I K O W B N Z
T R H C N E X A S H K J F N Z E E B X G
P D U Q D V L B G O A O Q S B V R A T G
E I B E N H O Y P U K D T T G Q U G T U
C M Z A I C G V D F O K E D U Z Y E R B
I K A O F A B Y H X M A I L B O X M T E
T R E T O R K I K M E D B O L D Z D V L
C L F G T L G S Q V L P K C L A R I N E
A J Q T O Q B Y I S X M G G S D L Z S O
R E S J A L R R V U Y R H Z D A B R I Q
P E B C A J R P K G W V U W J Y D S G X
O U R L V A K H Q F I L H N C C Z S K V
T E N T O H P C U J L O X K E A H V B R
K W W T D U Z A N V K K Q Y M E A T Y M
```

W X U Y U L O Y R T N U O C T P Z I K V
F T O E M B A R R A S S B C E R F E K N
R G L Z L Z D Z Q M G J V C I A K R R E
P O X W C C K U B B A A X C N H R K C O
Z R J Q X T P J K L Q T R Z O S U X N Z
Z K R N B L S J V J G F M O P G V W S V
V Z C J W A J Y H U Y T R A U Z O O Z W
E M C P C J I E O V C W M O S N H B D H
M U R J V T E P C R T Z H R D I D B M P
Y D Z E G N X J A N S P Q Z L H A R R L
F S S W Z Z W C N E P F Z D K T Q S E K
P I N R N K K L P Q P U S S E M O T B I
X Y T R I D C V F O M U V E F F O R T J
U T Q X W Y I A C Z J I V W M H H W B M
T B N P Z I G I R A T B G S J I T A S Z
L R M E E N C A B H N Y R P V U T B M Q
H L U F L Y O D H E G X G Q I P B K R N
F N A A X I S F N N G M O U N T A I N E
P B W I R L S U W M M Z X R W H R B U A
X U V F C I C I G A R E T T E B Q N A R

3

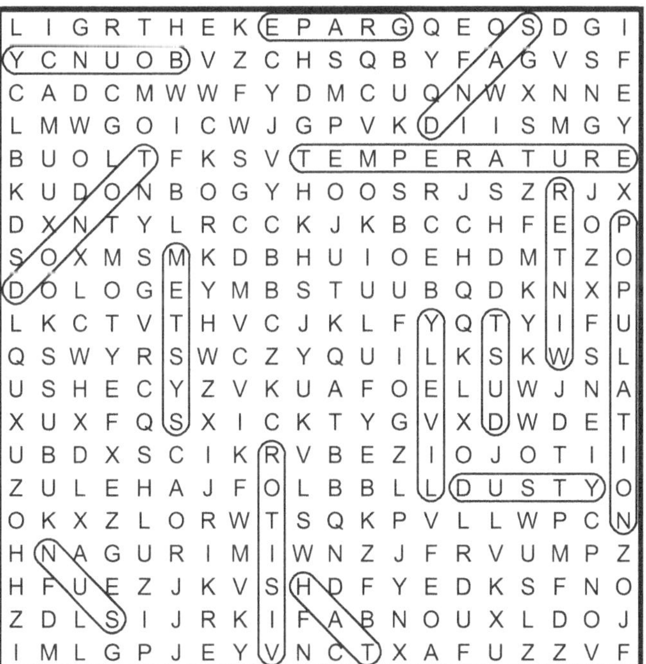

4

5

V A J D T E O R D K C D N Z U E C M V J
T J A B E D S E R W L L A B P D I V O E
Y P C X K G W T K O D N N Y C M F S F R
Y Z C F R C N F O J X Y Y R Y P D T S U
A L I Q D O F A E F D N N N C O O X Q T
T Q D U W K E E R D O U Z X T D I Z V A
Y S E I N K V N F R G O F A R P U C F M
G Y N C T B E D D P A K L E D M A K D F
J G T K P F P R V X T O A J T Q D S C V
S L V X X H P K S I D M T J F Q U A T O
J A J W I S W T S B P R X J H T C H B O
L K I O U A E F D B O V O D Q A M T J M
A A K C E Z F B F A R P B C S B M N Y X
F E O R U N S A X T B D P O E X Q O O G
J C B E B T D E S J F L M O C R Y M X A
S F G M B I Y S E S D Q O S S J O T G R
V V C M O B U L G M G T Z W U I A T L Y
T L N U M G P H N H Y Z N P J U T H E L
L J W S B F O B Q A K P F P B I Z E A S
K G R J N B T R M J S L A Y R F K O W D

6

N Y S M K C Q I B P T N F A O X K D C E
B I J B I E N B E N U O R Y V E K L X Z
W Y H W Y W H G M W R C S I T S M A L L
M A J C R O T N N W Q R K A L I U Z K S
T T Q U W Z C H L I J P T G Y G K S F P
X I Y L P G D K G A R H I G N O F G F E
B R G J P Q J J R I X O E K X L P L K R
A D D V R O V A L F N L B S O O Q M X F
N X H P G E X Q C N P D E N Y P E S G U
G W N L T B W E T O S X I P I A R X Q E
L Q P A F C A W E N G C M M V O R T D C
W L N Y H H E P K S E S C S S T A B P I
T N Q G K B U E Y F K M R T X P Z Z A F
N K Q R L M I I L Z E G U V O D I I V K
Y I U O S B U N J C C P T R Y I B I S F
U P A U N T X S H A N R H L T M Z S E B
D I N N O T L I U N Q E F G D S F Z V T
U F V D U Q B D Y L A B D C F C N N I G
Z U P W U B A E D R Z O G N U I Z I Y Q
D O O W S D T D T N O T X K W I F I Z V

7

```
T C T Y U P S V K Y H F H A L G H B L U
H X Z W B U X D Y Y I E K S Q R H Y I Y
R U E V O P K T R Z O Q F I B P R H C N
T X F R S T E U M U P W R T Z P U O T A
L C M I Z I W V R D A Y O E B V L Z Q P
S U P B R B D M L K H R T I G O D D P M
L F L A P W W H Z D U A C E R P C P R O
M G V A A B Y T O F T S O W Z L Z W I C
I H T W X Q X W F S S S B E N T A L O Z
D D E Q X W H T E A X A W K H N E B R I
V E N B Z B P K R P C O M P U T E R I T
C Q A G O A X G H Q H Y J H O Z I H T O
Q F L R P F P S L N R J E S D N G A Y Z
B X P P H C B J X A P C U O E P B T U M
T D P A G E O K N T L L V R I U S O U Z
P R L K E I L I S C S R M F Y I S Y E H
W G J O B M D S A X B S B J Q A K M Z E
L O N P P R P I T T I B E W W G P E I R
A X H Z O J I P O Z P M T L K K A B Y G
E T O S C A T T E R Z U X G U I P Q X N
```

8

```
O F T S F Q G L M W N Y V A E H Q V U M
U J U W M Y J T U A G W M M P L E A F D
T Z O P U V X D A N E O Z L D G M C X X
F Q Y E C J U N U D I R T X Z Z F S X K
E A M D R V Q A Z Z M U V Y D F L N E X
P W B S J P J H T F P A T U R U C E X W
W I T P M K O T L Y Z G E S F R W S U M
M S P Z N Z I L L Z L J L Y I F L N N V
T O V A N I S H X E T P L W T X F K T K
I T D F U X G I G D H U D H L G E J I H
M U T D V H J A G R R B E P T N H O L K
K H Z R O D C Y D L B B Y P T E Y X T U
Q S K A I A S U T F Q N T M D P T N S N
L B J D T C J H U W Q G O I S B C P P K
L I O N Z T K F C Y X R S T O H A N G K
T G R E O D U Y G W F T M I A Y R G I J
M X W L C O Z X G V U G O P Y Z T C S N
U J S A I M L F A O A L K W G G N D M I
K A W C H E S S H M A W E J S C O C O I
U K S F W O Q B M H J V Q K U N C B R P
```

9

X E X O P E R H Y K X V K B V R L V T B
Q T T V P W I Z I Z Q Y W Q Q P I V P H
A A L Q C I U Q E Q P S G C Q L W N I G
M H S W Z U K M R G N I L T S U B O E W
S O Y H V U O V U U K K K O R H O U C I
P T B W N T F R G B G N G L N Y A Q E Z
S F X R Z F K S C X R Q P S S W G M R D
F R Q N I A F U K H Y M T M O B N X I R
A O I M N A R F A N D K E C T X S R A B
E I T L T U M N K Q I I I Q L U T Q S W
Q P N Z L D J Z R V S I S A Z N A B L F
T K X A Z T T M F W A R N F Q A T Q W E
O X W C B D F Y T I S R E V I N U Y T N
M D A N G E R O U S T V Y M D B X V Y I
U Y N E C G T T P T E D S Z J R X I Y H
R Q D S Y X J S X S R W Q B M K E B C C
D E F I V E U R F C O O G X E Z I K I A
E F E N T Y O A P I C B B O F I J O Y M
R T A S T Y E S U F N O C O T Z S E C L
W K D Z Q V W E A L T H Y T D T C F K Q

10

Z T S F G U E E M M A Z A R M Y E K O C
R V T K C W S O Y F F R N N H B U B S C
F A V R D W U I R N J V G O H Z L N I O
M Q G O E N O K O M C P L B U C A E C M
X G O O J D M B I Y L J K B J T V A D B
G O Z F Z S I L K N B D P C E W A E G I
Q Q C Z J Y H U I M V Z G P B O Y R C N
T I W O I Z G S G S B J I Q Q W D G S A
I H X K D B O T T O M X Y K Y Q R P H T
V L A R Z X T F G O T T H A T X B J F I
J Q I M N Z C W B X R H M L W S N H U O
X L S Y T J U I C Y T Q K X O Y W G R N
Y E K Y K Q F Y D J A U D I M Z Z U L Z
M A Y B X T W C N U B O V B H U C A P L
J W W K P J C D Z W X R E G A K Z L H W
T V S I D E W A L K I V C X X W H O L R
X F I K R D L I K T O S U G G E S T X D
X L L O N Z T D Y F J Y V K X W Y U H M
A K Z Z E M O S E U R G H F V U B K C O
W P R O P E R T Y X W U E I Y A D S T J

```
N O I T A S R E V N O C P A M X M X H S
R Q C Z Z J P S F Z P A I N T I N G V S
M J S E B Z B N T W H O L E L O D U Y L
P U K V T O S T R O K E E Z G C R W G K
B U D S S B I D I X Q L E T T Y D M G C
Y L N K E T A R A P E S O T I L C G C Y
P E J E Q F X V K V Z V G A P L Y O Z E
D H S E J B Q J Y D F W R B W F O N Q W
J L S E L T S E R W O T W R G Q X P F X
R Q K I V S R U C Q I G A F A O O O C W
H Q X O A K U I P S E C O N D H A N D B
W T Z M I Q V I N M K E R X U U W C K A
L O N A J H G R M L D K B E O M T A L L
N N E L N P T L M T D D J K J O W J A F
Q L L O V W E W E K D P B A E R D R O G
K U G A T E K A H N V F D R X X R C U T
Z X N W K I R D W W R R Z E U D A G D I
M D S L E F E C I S C K E B R T I Y E E
H B S T U N J O W S Q Z S O I O N K A A
M Y H L X L G D Q S S V T U N F Y F I V
```

11

```
W O S M J X L R O O R H R V P X S S K G
E X S I H P P X S Q D O D Z E K U A Z C
J L L E B Z Q U L V C K G B S K M K E M
S V B T R O Y A L J Y I G C D L E P I O
L G G I Z W W P K Q O F Z D V E D E C U
B E T S A T O T S V U C B I S H I K P M
V V D I E E B D O A J L I R K V C D E H
S B M V I M T I X G I R O Z M K I N P C
E V C O N E Y K E J T K J F P F N O I N
A I T T V B J T O W U I J H Z G E C C U
E Q P I E W D N U O R I S A U I R E E P
M M O Y S P B K G Q O E B Z X S S S R O
L E E D T X I K G W C W I E E P N B B T
I A O Z M U D S D O D C R R I R T M Z S
I U C R E P I L T R S E T Q B C V U I L
R E J U N D M E N E F Y H S B E E A O J
X E X D T Q C Y Z D I X D A U B F B S F
W D E Y T A R E C I R W A J S L E G U J
J C U U L I A E Q P V T Y O D Z B B U I
N A Y P F H Z E O S O G R G E L W S E Y
```

12

13

W S S T A O L F O T Q W N E C J A V M Z
G J F E S C W F F G F X G O P E P M L H
C D G Z C R P O L O X L I S T D Z V E E
T T T S T U Y F B D K Z S U X U M H B H
D C Q T W F R F P S N S G N I H T H T X
Y W V W B R T I R H C Z U I Y E R N B L
Q W N L X Q K O T R Q A W F Q A O M Y Z
O Y O V N E X G D Y W K R J G K E Q O C
X M P O X V D N Y E B R G Y T A Y N M M
E F I V T S T F V K S H G W X Q I T D S
N E R Y Q F G S X H Y T T O M T V O N C
S A G D S R N A L B R H R O U W Y T J D
U M F T X N I D L P R V V O G D J N S I
R Z E N A E N T T O N R H F Y S O D X Q
Z F H G L T N O E U L K M D V I X B B G
B R Z D E T I U I G T S G V T I E J B I
U B C I R O G F P V V X Z D F R S N W A
F A N H O R E T P E R S O N X B E B E N
Z B J Q T Y B U L I K D M O C D E E B T
Z Q A M V T M X E D Z Q M E S G H F R R

14

B L R O T B W C H U P S L F B O P Y C V
S V R Z T J O O N B W X K L Y P R F Z E
K A K R O T B M N P S T C E F K H D Q A
N A E L P Y L W X W U Q A E H C F V W R
F T Y K L S E T U I Z L T G U A I V H W
E D T D A T S Z W V Z R E Q H N E O C K
H M B E N A B T J P L F G T C S Q Y X Q
A T Y L L T D M Y H B S O C H P F F G E
I B R L L E S V I H J H R R E F K C H I
R B R J T M G H V O U X Y E O I T L U W
C I E D R E G N T R V A T L R T L B M T
U T X O T N F E R T R S E I T D K I O Z
T Q N F L T P Y D K O O B T C V Y A W N
G U S H M P Y H G D T I D B Q D B Q E L
J I D N U X P W S Z V M H G E C R E I F
Y J R Y A A L Z H K O D A N M W O B R T
R A Y V Z Y A B T C Q A L L E R B M U X
A Q H L F C N S E D L S G Q J T O F H C
P T Q D J V T A L C M F G U S U F F H J
V F C U I R N Z M B H M A P M A Z S P K

K Y Z J C U W W M I Z R H B K L C J N X
H F J X E X D Z X C P O L W G D Z Z D U
S A U B V C I I J Q V M L M K T M H X J
R Z G P L E Q H Z T I A L J C Z U V M Z
A G S F W C D K A T K N O M P M I B Z P
H E Q P O D V Z B O V T A S M K H H E P
F S F O H S R R M X Z I M D Q P E F K Z
E V L K Z X B A P H S C P Q G W O J Y H
B X G D H F E X W V X B N E N C D C X Q
T B E F W D Z S Y E P Y G B L O C D V M
B S E V E N T Q A J R H P M J J H R H W
V C Y T O S O N G E S X C J G P U L U F
F I B N Z L M T V D R Y U J Q F E N S R
X T G C I I N O D M S C U O K U H I Q Y
M I E N R T D R A I N Q N A N F B B V J
M L E K D Y E E N Q R U W I G D Y A E Q
R O Q C I N V P G J K T O B O A S T L U
I P S A H L M E L F U U M T G T A U B N
K G Z B I R O A I F L G V M R J C O O Y
15 C D O S K Y L T C C D R O T A V E L E Y

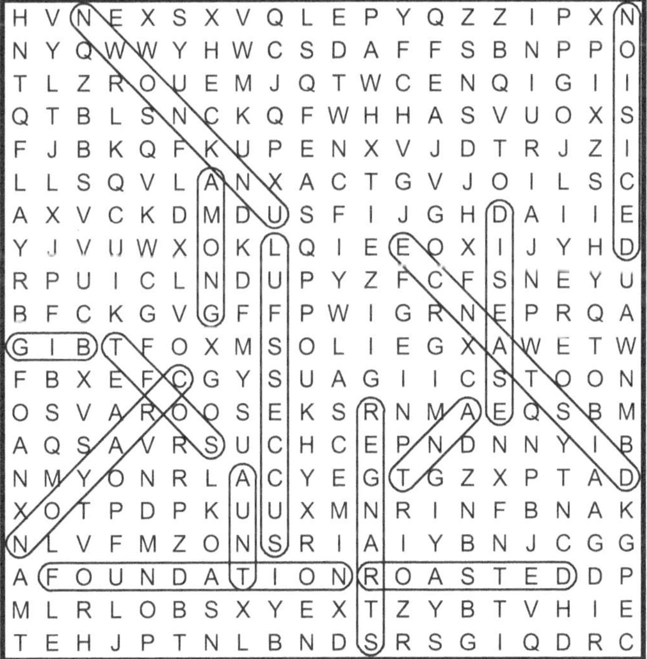

16

17

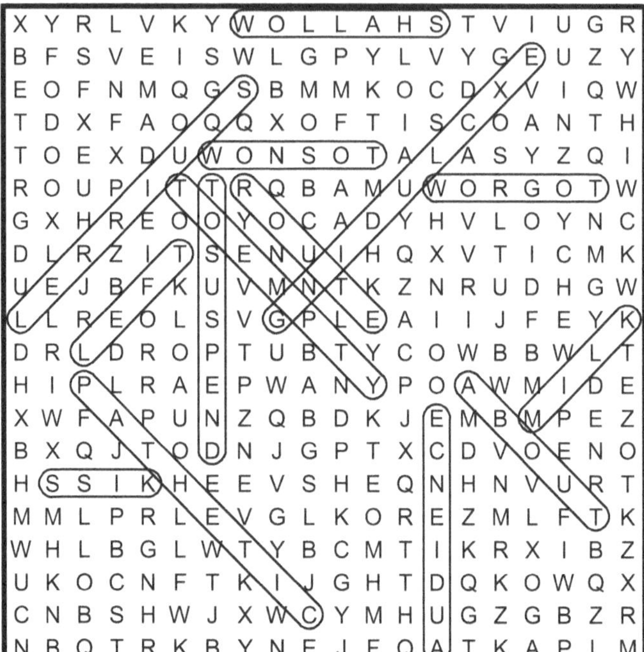

18

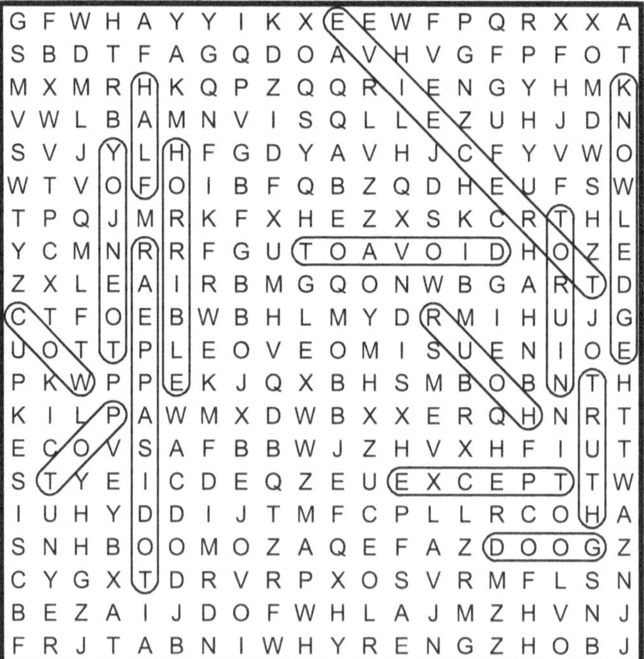

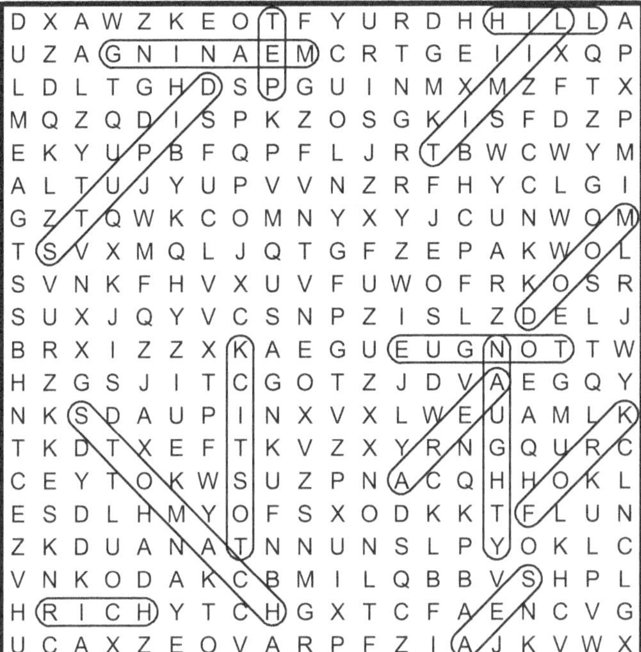
D X A W Z K E O T F Y U R D H H I L L A
U Z A G N I N A E M C R T G E I I X Q P
L D L T G H D S P G U I N M X M Z F T X
M Q Z Q D I S P K Z O S G K I S F D Z P
E K Y U P B F Q P F L J R T B W C W Y M
A L T U J Y U P V V N Z R F H Y C L G I
G Z T Q W K C O M N Y X Y J C U N W O M
T S V X M Q L J Q T G F Z E P A K W O L
S V N K F H V X U V F U W O F R K O S R
S U X J Q Y V C S N P Z I S L Z D E L J
B R X I Z Z X K A E G U E U G N O T T W
H Z G S J I T C G O T Z J D V A E G Q Y
N K S D A U P I N X V X L W E U A M L K
T K D T X E F T K V Z X Y R N G Q U R C
C E Y T O K W S U Z P N A C Q H H O K L
E S D L H M Y O F S X O D K K T F L U N
Z K D U A N A T N N U N S L P Y O K L C
V N K O D A K C B M I L Q B B V S H P L
H R I C H Y T C H G X T C F A E N C V G
U C A X Z E O V A R P F Z I A J K V W X

19

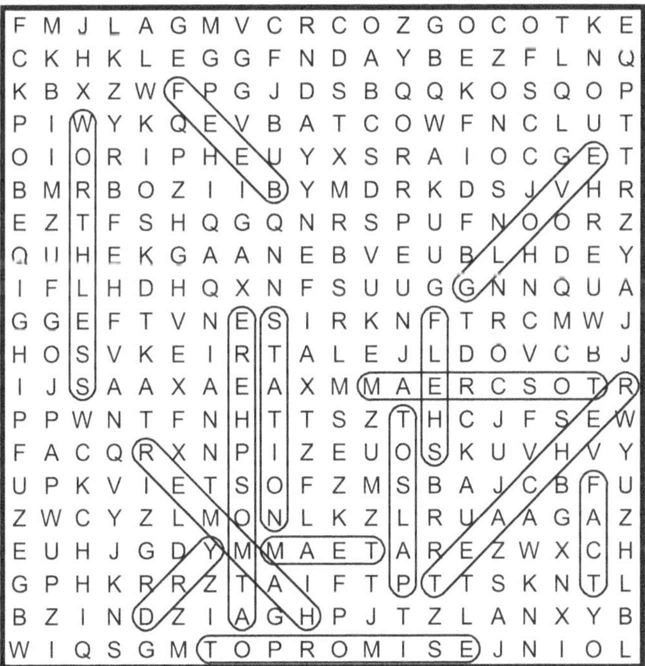
F M J L A G M V C R C O Z G O C O T K E
C K H K L E G G F N D A Y B E Z F L N Q
K B X Z W F P G J D S B Q Q K O S Q O P
P I W Y K Q E V B A T C O W F N C L U T
O I O R I P H E U Y X S R A I O C G E T
B M R B O Z I I B Y M D R K D S J V H R
E Z T F S H Q G Q N R S P U F N O O R Z
Q U H E K G A A N E B V E U B L H D E Y
I F L H D H Q X N F S U U G G N N Q U A
G G E F T V N E S I R K N F T R C M W J
H O S V K E I R T A L E J L D O V C B J
I J S A A X A E A X M M A E R C S O T R
P P W N T F N H T T S Z T H C J F S E W
F A C Q R X N P I Z E U O S K U V H V Y
U P K V I E T S O F Z M S B A J C B F U
Z W C Y Z L M O N L K Z L R U A A G A Z
E U H J G D Y M M A E T A R E Z W X C H
G P H K R R Z T A I F T P T T S K N T L
B Z I N D Z I A G H P J T Z L A N X Y B
W I Q S G M T O P R O M I S E J N I O L

20

U	S	Y	D	E	I	R	R	A	M	B	D	E	D	Z	P	L	A	I	N
V	P	O	Y	Z	H	J	E	P	L	G	J	I	N	M	R	P	S	S	K
E	U	R	A	D	F	L	P	M	I	R	V	I	A	Y	L	H	H	S	M
M	P	H	E	I	Q	Z	C	Q	P	B	Z	Z	L	T	K	T	E	A	A
Q	Z	D	M	O	X	N	P	L	Y	L	E	T	S	A	W	O	T	L	Y
G	Z	S	M	J	H	M	B	Q	L	T	O	S	I	L	T	H	H	G	E
N	U	Z	L	X	Y	D	W	Q	U	C	H	Y	E	D	A	Z	K	S	Q
Z	G	C	U	C	O	E	Y	X	O	H	O	N	E	Y	T	I	H	H	S
V	Q	C	E	S	A	M	Q	V	Z	N	Y	D	R	E	O	Z	G	Z	Q
L	C	B	F	W	C	V	E	F	G	T	Y	C	W	J	L	X	V	P	D
E	R	F	C	Y	F	R	P	J	P	W	L	I	M	N	I	R	N	I	I
F	L	Q	C	I	C	I	I	M	X	A	R	K	P	S	S	U	P	M	L
E	E	Y	Y	T	H	R	E	A	D	R	K	P	W	O	T	W	O	N	T
R	R	U	T	X	Y	L	B	Y	I	N	O	E	W	Q	E	V	Q	H	A
T	H	W	P	Z	M	T	Y	W	T	S	A	I	G	H	N	N	Q	U	T
I	S	X	O	A	I	J	K	K	I	T	D	T	V	J	J	J	F	F	U
L	C	D	I	F	K	U	X	T	E	B	X	S	T	Q	R	W	J	K	S
E	R	U	S	O	B	L	W	R	W	N	J	M	O	G	J	Z	W	R	V
W	I	J	O	I	Q	U	I	D	Q	H	N	I	X	P	K	L	V	F	K
P	D	X	N	R	B	I	O	Y	R	O	L	R	V	X	P	Q	U	F	L

21

D	H	X	P	B	C	I	L	M	B	D	C	V	L	A	X	X	M	S	P
R	E	V	Q	I	X	R	R	P	L	S	T	G	Z	R	J	F	X	R	A
I	V	V	E	V	Q	O	P	U	X	U	G	P	T	X	K	T	J	T	E
H	E	G	D	R	S	O	R	U	B	W	I	E	C	Q	I	R	F	X	F
S	S	B	I	D	Z	E	H	Q	E	Y	J	J	B	G	G	M	N	S	H
D	X	G	S	P	H	L	G	D	D	I	N	U	P	O	I	W	X	H	N
B	C	K	T	Q	Y	N	W	O	R	B	Y	X	F	F	T	H	X	G	O
W	V	S	U	M	W	A	Q	G	C	F	Q	L	E	A	D	E	R	F	I
H	I	K	O	B	R	X	F	X	I	F	L	S	X	A	R	P	A	D	T
V	D	I	Z	L	P	B	N	R	W	O	Z	N	R	C	F	E	C	D	I
E	U	X	Y	K	C	E	R	H	A	O	U	P	C	V	S	H	L	C	N
S	N	V	K	V	I	E	M	J	N	M	Z	U	X	I	S	J	F	Z	I
I	D	G	C	R	T	I	Z	P	L	F	Z	O	A	A	L	A	V	V	F
R	B	G	Z	O	H	U	R	I	R	P	S	R	S	P	D	Q	I	L	E
P	L	F	T	S	L	H	J	W	E	O	O	T	K	U	W	N	W	A	D
R	N	A	T	G	O	T	D	W	L	T	F	S	P	W	O	E	G	A	J
U	N	R	T	I	F	R	X	X	O	M	H	Q	F	K	R	O	N	N	D
S	S	M	R	H	P	A	E	U	H	C	B	M	I	V	C	B	K	C	W
O	B	G	Q	K	I	E	O	F	S	O	O	T	W	N	E	B	G	F	V
T	T	W	K	S	Z	N	M	O	X	D	D	L	O	X	B	G	S	Z	Y

22

J D W Z C S W U Q Q J U M B L E D D O D
Y W N G I M G B S B S I R D K I P P N J
U R O E E V S J Q E T U L Q J L Z Q V V
L X E E T V J G L N H W T Q I H N B T R
R E A L I T Y M E H L V W N A C G H M I
J A K E N B A M A L G X U I R F G P N G
M G W S Y L T O U F Q C M P F B G E U V
D Q Q E C R L Q T U I C D G A Z U M Z F
A X U E A Z F J P O S Y Z A L F Z F C B
C V M P Z P C S L N O T T U B Z S M V S
T L A D R Z T B M H J G P O F U P K H O
E L G Y Q A F A M K A Z F R M W A X A F
V C J J I W O H Z D Q Q E X L W E F L Q
G Y I R G I R A Y H S S N R C P O U X V
N A S G F R G F K B H X R N Z S M H X R
P U U I N T E L L I G E N T E Q P U C N
Y T C V C S T K S F V G O Y Q H K K R E
T Q H E F I F I P W V Q A U C M T U X H
I Z K A O H U O Z B N G R N S R B O D W
T G F H R U L T X L E V L P A Y M E N T

23

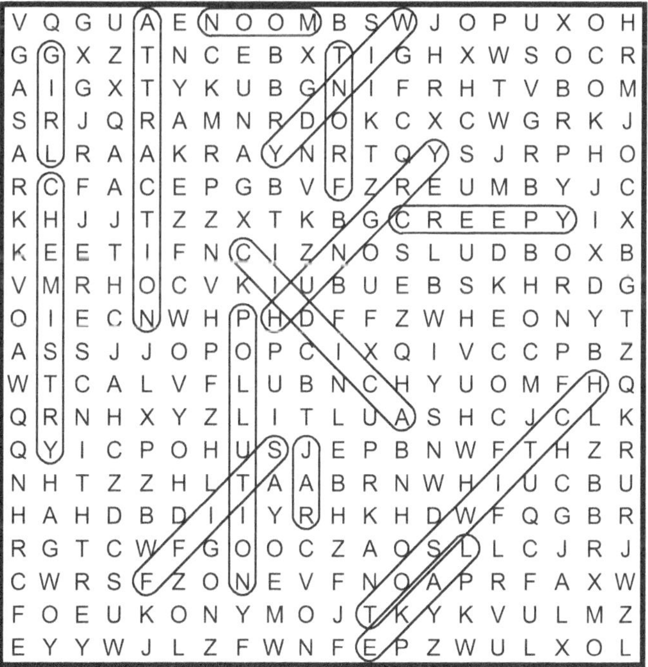

24

25

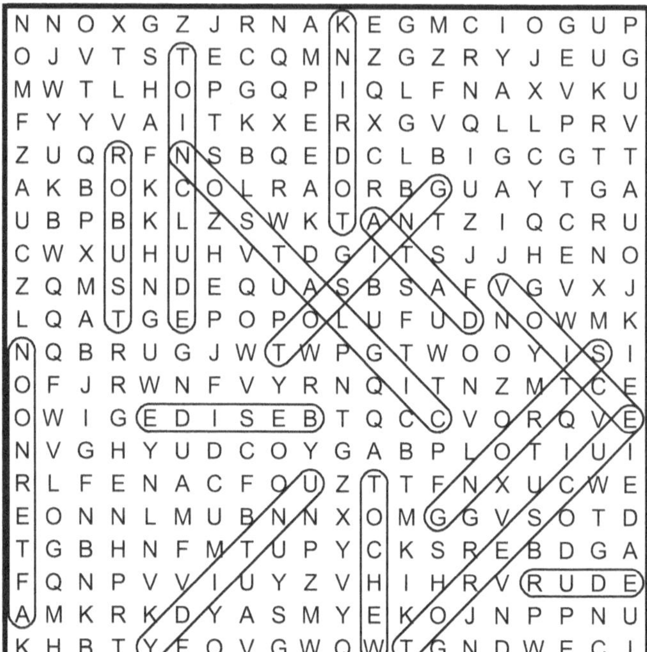
N N O X G Z J R N A K E G M C I O G U P
O J V T S T E C Q M N Z G Z R Y J E U G
M W T L H O P G Q P I Q L F N A X V K U
F Y Y V A I T K X E R X G V Q L L P R V
Z U Q R F N S B Q E D C L B I G C G T T
A K B O K C O L R A O R B G U A Y T G A
U B P B K L Z S W K T A N T Z I Q C R U
C W X U H U H V T D G I T S J J H E N O
Z Q M S N D E Q U A S B S A F V G V X J
L Q A T G E P O P O L U F U D N O W M K
N Q B R U G J W T W P G T W O O Y I S I
O F J R W N F V Y R N Q I T N Z M T C E
O W I G E D I S E B T Q C C V O R Q V E
N V G H Y U D C O Y G A B P L O T I U I
R L F E N A C F O U Z T T F N X U C W E
E O N N L M U B N N X O M G G V S O T D
T G B H N F M T U P Y C K S R E B D G A
F Q N P V V I U Y Z V H I H R V R U D E
A M K R K D Y A S M Y E K O J N P P N U
K H B T Y F O V G W Q W T G N D W E C I

26

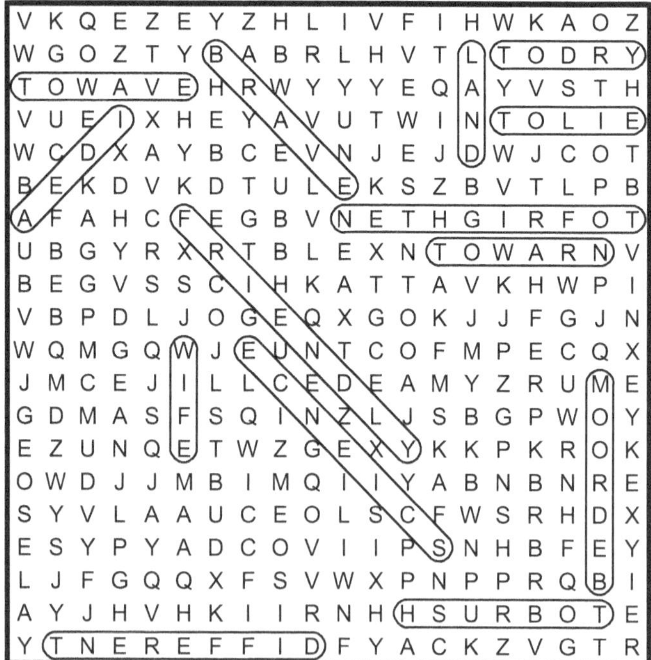
V K Q E Z E Y Z H L I V F I H W K A O Z
W G O Z T Y B A B R L H V T L T O D R Y
T O W A V E H R W Y Y Y E Q A Y V S T H
V U E I X H E Y A V U T W I N T O L I E
W C D X A Y B C E V N J E J D W J C O T
B E K D V K D T U L E K S Z B V T L P B
A F A H C F E G B V N E T H G I R F O T
U B G Y R X R T B L E X N T O W A R N V
B E G V S S C I H K A T T A V K H W P I
V B P D L J O G E Q X G O K J J F G J N
W Q M G Q W J E U N T C O F M P E C Q X
J M C E J I L L C E D E A M Y Z R U M E
G D M A S F S Q I N Z L J S B G P W O Y
E Z U N Q E T W Z G E X Y K K P K R O K
O W D J J M B I M Q I I Y A B N B N R E
S Y V L A A U C E O L S C F W S R H D X
E S Y P Y A D C O V I I P S N H B F E Y
L J F G Q Q X F S V W X P N P P R Q B I
A Y J H V H K I I R N H H S U R B O T E
Y T N E R E F F I D F Y A C K Z V G T R

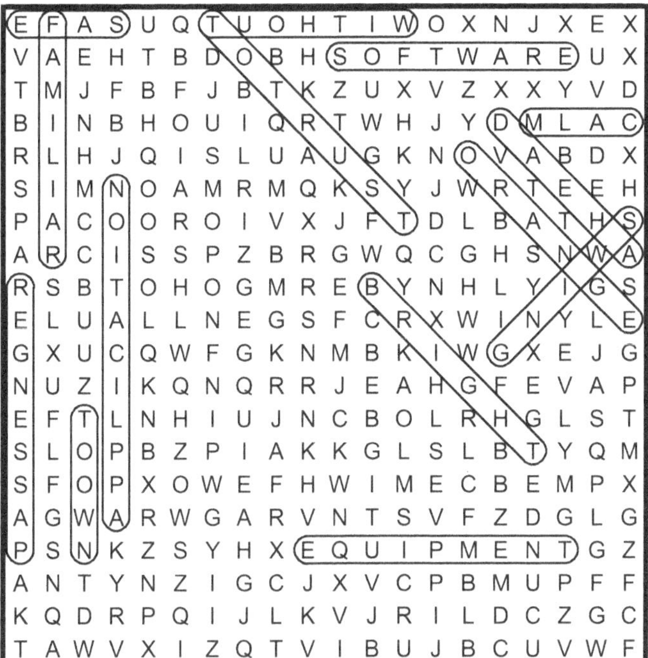
E F A S U Q T U O H T I W O X N J X E X
V A E H T B D O B H S O F T W A R E U X
T M J F B F J B T K Z U X V Z X X Y V D
B I N B H O U I Q R T W H J Y D M L A C
R L H J Q I S L U A U G K N O V A B D X
S I M N O A M R M Q K S Y J W R T E E H
P A C O O R O I V X J F T D L B A T H S
A R C I S S P Z B R G W Q C G H S N W A
R S B T O H O G M R E B Y N H L Y I G S
E L U A L L N E G S F C R X W I N Y L E
G X U C Q W F G K N M B K I W G X E J G
N U Z I K Q N Q R R J E A H G F E V A P
E F T L N H I U J N C B O L R H G L S T
S L O P B Z P I A K K G L S L B T Y Q M
S F O P X O W E F H W I M E C B E M P X
A G W A R W G A R V N T S V F Z D G L G
P S N K Z S Y H X E Q U I P M E N T G Z
A N T Y N Z I G C J X V C P B M U P F F
K Q D R P Q I J L K V J R I L D C Z G C
T A W V X I Z Q T V I B U J B C U V W F

27

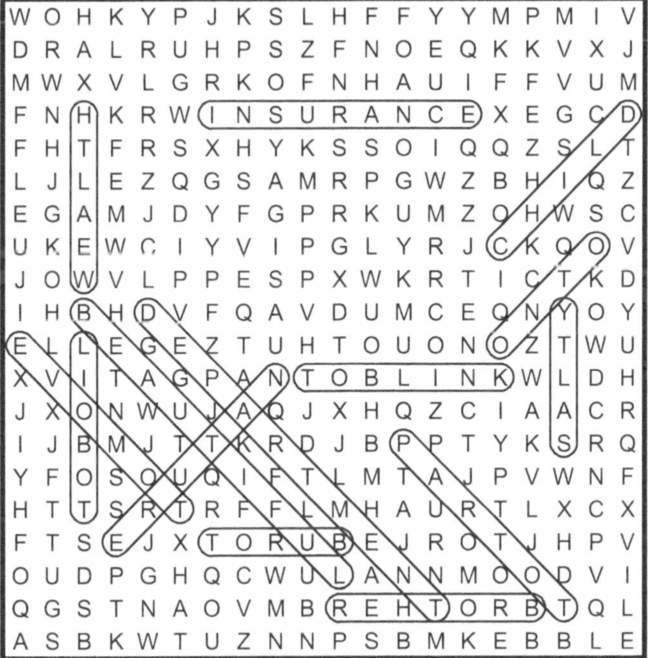
W O H K Y P J K S L H F F Y Y M P M I V
D R A L R U H P S Z F N O E Q K K V X J
M W X V L G R K O F N H A U I F F V U M
F N H K R W I N S U R A N C E X E G C D
F H T F R S X H Y K S S O I Q Q Z S L T
L J L E Z Q G S A M R P G W Z B H I Q Z
E G A M J D Y F G P R K U M Z O H W S C
U K E W C I Y V I P G L Y R J C K Q O V
J O W V L P P E S P X W K R T I C T K D
I H B H D V F Q A V D U M C E Q N Y O Y
E L L E G E Z T U H T O U O N O Z T W U
X V I T A G P A N T O B L I N K W L D H
J X O N W U J A Q J X H Q Z C I A A C R
I J B M J T T K R D J B P P T Y K S R Q
Y F O S Q U Q I F T L M T A J P V W N F
H T T S R T R F F L M H A U R T L X C X
F T S E J X T O R U B E J R O T J H P V
O U D P G H Q C W U L A N N M O O D V I
Q G S T N A O V M B R E H T O R B T Q L
A S B K W T U Z N N P S B M K E B B L E

28

H B H N A K M I M D K W A Z L C N Z B O
Z A G W W E T O W I L E T T E R F K K P
A P H Z T J E R A U Q S Q F F S P X O P
D B C H X V B F F F F Y U U G X V A O O
D N P S N T O P L A Y N E E W T E B H S
X L D P Q X D J Z P S V U P B O K I K I
U P V W U X M B I Q S T N L U U E R V T
N R S I C V J G P C H F P F W N U W N E
E X U K K I N D H E A R T E D L L M Q R
V B O J Y A Q S F R G S F I I O T B J O
U U Z I X L I Y R J P H N F I C S F G L
X X R F V I F B G L A Z H B I K K R G Y
H R F I I K Z M D D D B V D I U E R X Y
U A Y G B J T O B A K E G D X P E Q L I
E I Q K V L T N E D I S E R P T I S W B
P U Z H A J F V M S N X K H T O V S F E
J J K H V N X Q G R N K J I U U H V W P
J H T W R S V G T I F K B E L O R L P C
F E U Z R M T B I M Q S D X R L V C Y E
L I Q X B Z T F B P C A L T W E Q B K H

29

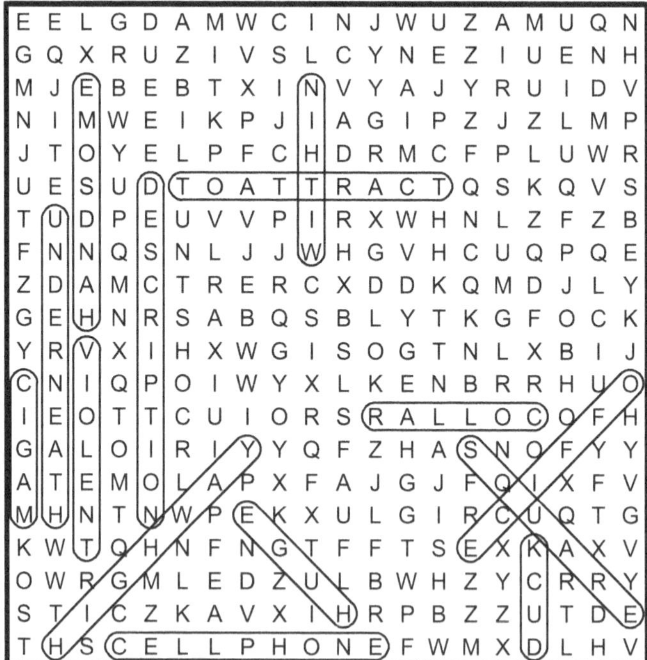

30

N F D M P Z D W M Y K Y R B T R M Q M I
P C X I E R U U J I W H F X Z T A J K T
Y T X S T A K P W P A R M K V F N M T B
I Q M Q A F B B N J P V X Y I W X O K C
L T E D I F F I C U L T K J K P B H J E
D N N H M W C M N K C G M G J O O D Y P
N I U N W K K L X X K J T D W N O Q V X
A N B E T M F M E J N B L M I K W P Z R
Q B X X E C L S S R T J T O S H O P S O
M Q Y L U F P L E H S Z Q G Z L J M D H
A T R P N H L A A H K J V I Y W C D M C
G U R W A C K A H X I E D L U U T L R Q
I Y E W R M H P T L N E L W Q Z B G G C
C V H A R Z E D I X N V R S L B K S I A
A V C D O H B K S W Y W L T B I Y G X N
L I L B W Z M C N O X A O T Y U W A N N
N W G U Y E L W Z S N N R F O I M T B G
S E K O T D F B K K V Y W L C E N P D N
Q A B A B Q U G P T M N K R F O U N Y G
D K L Z E W I P G T W O V T M H B K T C

31

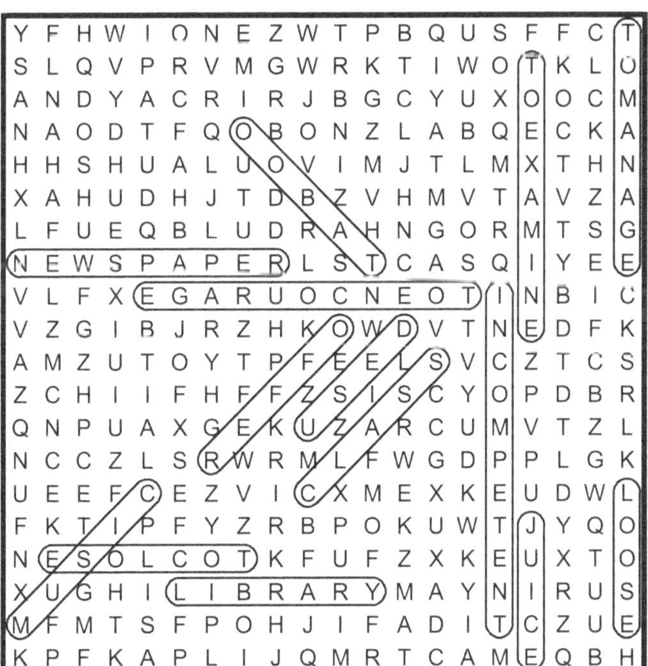

Y F H W I O N E Z W T P B Q U S F F C T
S L Q V P R V M G W R K T I W O T K L O
A N D Y A C R I R J B G C Y U X O O C M
N A O D T F Q O B O N Z L A B Q E C K A
H H S H U A L U O V I M J T L M X T H N
X A H U D H J T D B Z V H M V T A V Z A
L F U E Q B L U D R A H N G O R M T S G
N E W S P A P E R L S T C A S Q I Y E E
V L F X E G A R U O C N E O T I N B I C
V Z G I B J R Z H K O W D V T N E D F K
A M Z U T O Y T P F E E L S V C Z T C S
Z C H I I F H F F Z S I S C Y O P D B R
Q N P U A X G E K U Z A R C U M V T Z L
N C C Z L S R W R M L F W G D P P L G K
U E E F C E Z V I C X M E X K E U D W L
F K T I P F Y Z R B P O K U W T J Y Q O
N E S O L C O T K F U F Z X K E U X T O
X U G H I L I B R A R Y M A Y N I R U S
M F M T S F P O H J I F A D I T C Z U E
K P F K A P L I J Q M R T C A M E Q B H

32

J L H Z E X C F Q A G N I K V O T L V O
O Y Y M Z V E T O C H E C K J O U M E N
U Q O K P Z B S Q Q D C P B P E P Y P R
E H L C T E O T B B Y P S I C A Y N Y L
E Z B O Y R L Y B B P U N E L W R G T D
C O Z N R S N W F F Z C Q Y S I T N O C
J C T K R U B H G T H K W S N S S R T I
H J K O L X Y E X S G O U G W U U M Y G
T T L T P K S E A P U B N C Q Z D I F M
E V O E Q A B L L V J N A B J S N A H M
V K H S C O Y G D L E C P L D C I Z C J
W I J R H Q O K U F O G O V X A G V J R
D A K M E R C R A M Q W E Y V D M X A K
O N R Q F A U G O I C D H G E A Q Z B F
P N O B S M M G H K E V M Y Y O F Z Q E
R H M E U O P G S U I O Z W P K D D Z T
U G P G G X V I T G T V S R Z S M H Z W
Z Q T A A S J A I R V W M V U G B D T K
S J T O C O U G H M D I F O O D I B V V
V K B B H Z I U R S E T O C H A S E N W

33

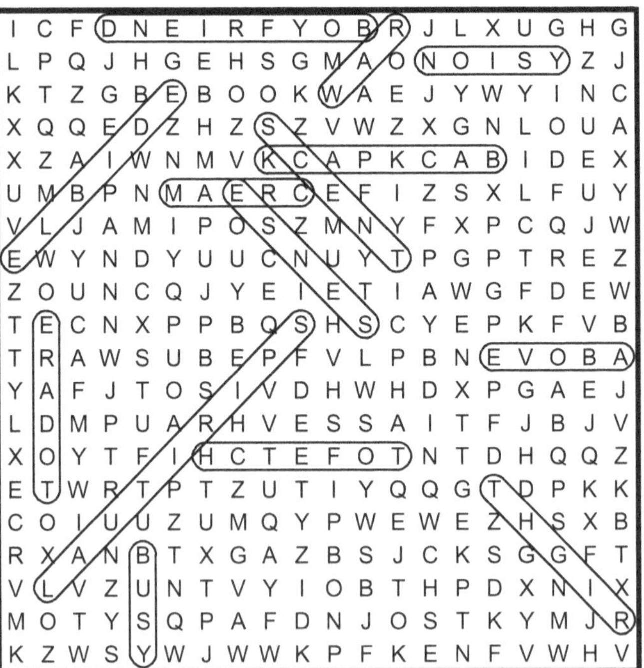

I C F D N E I R F Y O B R J L X U G H G
L P Q J H G E H S G M A O N O I S Y Z J
K T Z G B E B O O K W A E J Y W Y I N C
X Q Q E D Z H Z S Z V W Z X G N L O U A
X Z A I W N M V K C A P K C A B I D E X
U M B P N M A E R C E F I Z S X L F U Y
V L J A M I P O S Z M N Y F X P C Q J W
E W Y N D Y U U C N U Y T P G P T R E Z
Z O U N C Q J Y E I E T I A W G F D E W
T E C N X P P B Q S H S C Y E P K F V B
T R A W S U B E P F V L P B N E V O B A
Y A F J T O S I V D H W H D X P G A E J
L D M P U A R H V E S S A I T F J B J V
X O Y T F I H C T E F O T N T D H Q Q Z
E T W R T P T Z U T I Y Q Q G T D P K K
C O I U U Z U M Q Y P W E W E Z H S X B
R X A N B T X G A Z B S J C K S G G F T
V L V Z U N T V Y I O B T H P D X N I X
M O T Y S Q P A F D N J O S T K Y M J R
K Z W S Y W J W W K P F K E N F V W H V

34

35

P C L I V H A O V K Y R O U G H S Q L U
W G N G T G N E D L B O C R Y W W L B I
P W B E R G U E E E B X R P Q P B B J U
J A H E Y B H J K L O T P G L V Z X C Z
P R T X X Z T M B P H S O O A V U D Q K
M Y Q H Q C O Q O R M K Q X N N Y Y L C
V L L K P E C A L J R Y W R G E I C K J
S Q T S C N O H R P H X W A U X X C B F
X Y T T W I N A A V O Y Q D A S X R I S
B N E K H S N Z E T R V B O G J U A Z N
H R C P B V E Q Y G W Q L R E A S N W A
K O I B F Z C L N K D S V U A Z Q G W I
R L P D T A T A A Z P B K E F G W E R L
J N A W X L R N Y W B P P F P E W J I X
S H U P U M S Z L P W D C E J N R F Z O
I P N N X B H J Z F C B X D G F L A I A
M A C J O B C S K O U C Z Z T N T I C S
D E D U N R J K P Q S R I Q N Q A F D E
R O A L P E T T L L C I H G M C H R H U
D Z L A M B Y H J M L T X R T J J Q O T

36

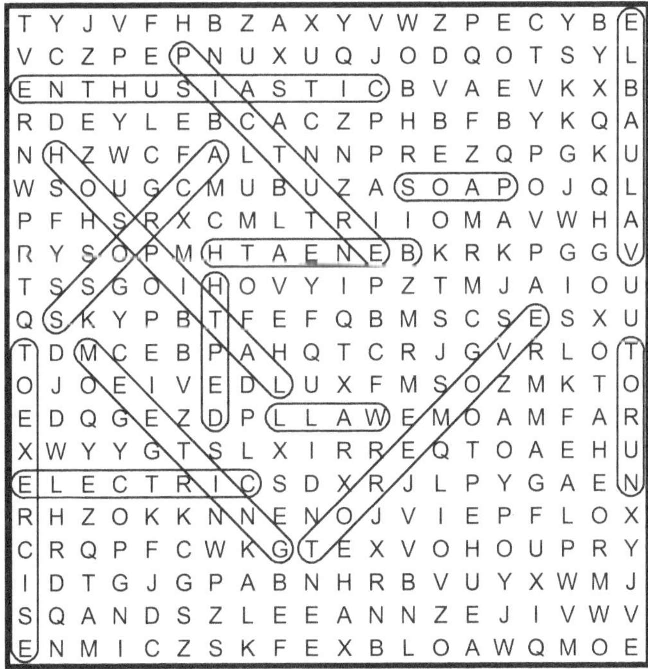

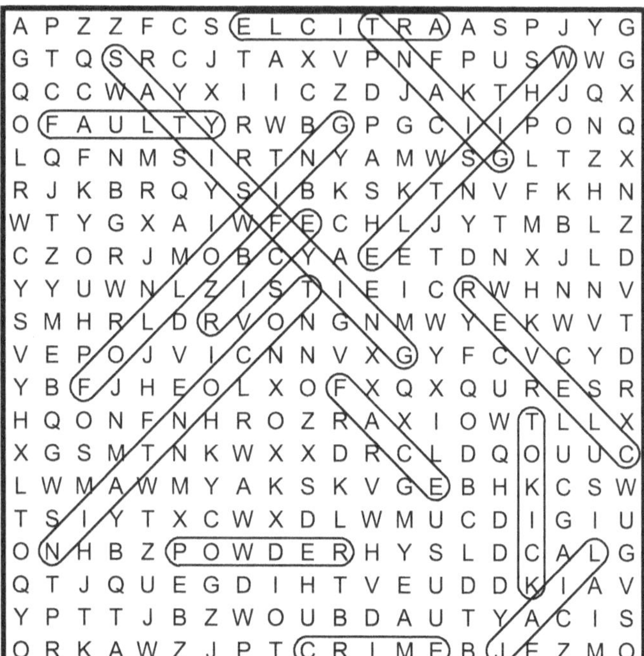
A P Z Z F C S E L C I T R A A S P J Y G
G T Q S R C J T A X V P N F P U S W W G
Q C C W A Y X I I C Z D J A K T H J Q X
O F A U L T Y R W B G P G C I I P O N Q
L Q F N M S I R T N Y A M W S G L T Z X
R J K B R Q Y S I B K S K T N V F K H N
W T Y G X A I W F E C H L J Y T M B L Z
C Z O R J M O B C Y A E E T D N X J L D
Y Y U W N L Z I S T I E I C R W H N N V
S M H R L D R V O N G N M W Y E K W V T
V E P O J V I C N N V X G Y F C V C Y D
Y B F J H E O L X O F X Q X Q U R E S R
H Q O N F N H R O Z R A X I O W T L L X
X G S M T N K W X X D R C L D Q O U U C
L W M A W M Y A K S K V G E B H K C S W
T S I Y T X C W X D L W M U C D I G I U
O N H B Z P O W D E R H Y S L D C A L G
Q T J Q U E G D I H T V E U D D K I A V
Y P T T J B Z W O U B D A U T Y A C I S
O R K A W Z J P T C R I M E B J E Z M O

37

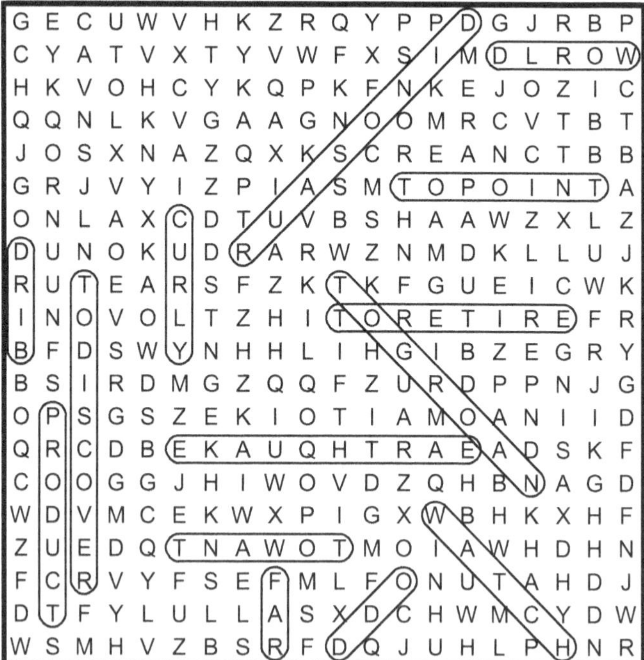
G E C U W V H K Z R Q Y P P D G J R B P
C Y A T V X T Y V W F X S I M D L R O W
H K V O H C Y K Q P K F N K E J O Z I C
Q Q N L K V G A A G N O O M R C V T B T
J O S X N A Z Q X K S C R E A N C T B B
G R J V Y I Z P I A S M T O P O I N T A
O N L A X C D T U V B S H A A W Z X L Z
D U N O K U D R A R W Z N M D K L L U J
R U T E A R S F Z K T K F G U E I C W K
I N O V O L T Z H I T O R E T I R E F R
B F D S W Y N H H L I H G I B Z E G R Y
B S I R D M G Z Q Q F Z U R D P P N J G
O P S G S Z E K I O T I A M O A N I I D
Q R C D B E K A U Q H T R A E A D S K F
C O O G G J H I W O V D Z Q H B N A G D
W D V M C E K W X P I G X W B H K X H F
Z U E D Q T N A W O T M O I A W H D H N
F C R V Y F S E F M L F O N U T A H D J
D T F Y L U L L A S X D C H W M C Y D W
W S M H V Z B S R F D Q J U H L P H N R

38

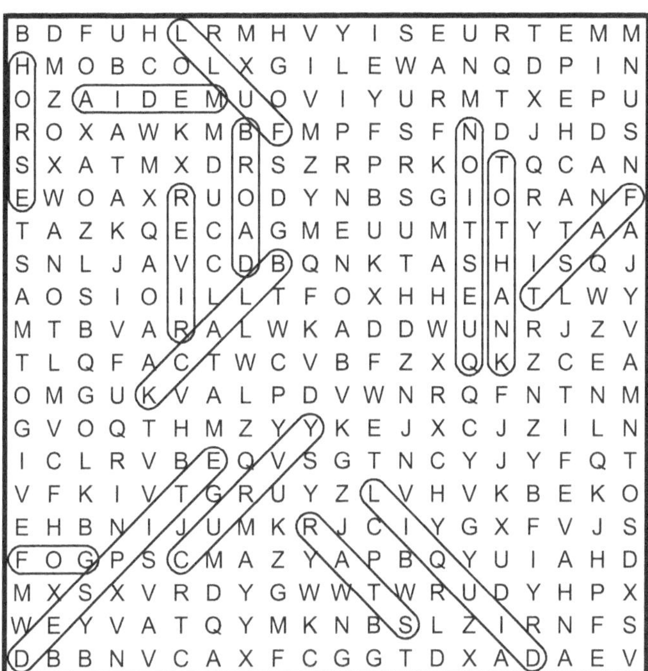

39

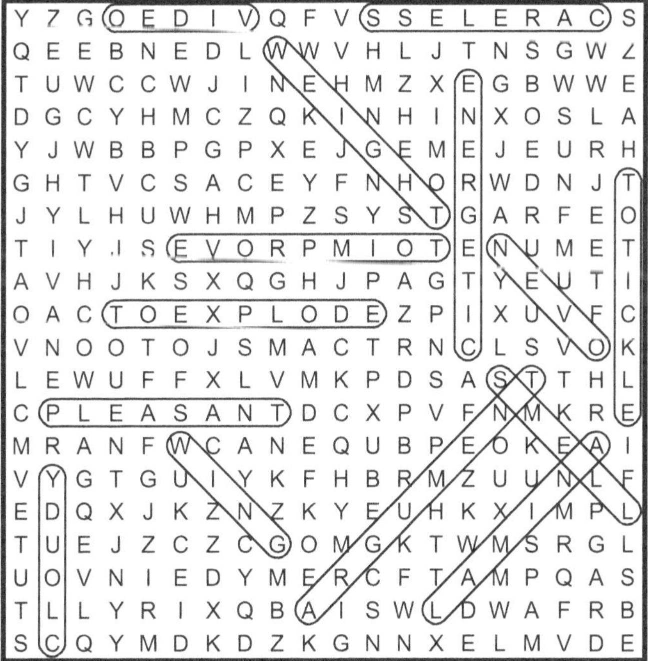

40

G M E X L V I U X S F R C A J L Q F G I
S H Z A R Q K E Y Y H S F Z R S S K N S
O B F E M Z S J X H E T G M D E P X M T
J S M Z R O G V O D J H T I V M M V F O
X F F J H U V U U C L D M B G K M A V B
T W J J M X L O W P O W E R F U L E C A
O F T M J X A W E J Q Z B A C N N W Y N
A R E E M G X M U N Y S V T A K G D G G
R A T B L E H B M Q Y W X X X K H R E S
G L D C D E D G L U P Z Y K G Y F Q T M
U R G H G R N C G T M U U P O E N D A G
E F L N I I M N L H Z F U X H O V M R M
X W U E B V Q I A D Z V L R M W L B T H
M O U P U Z E R Q H U T O F R Z G F S E
Y Y X L U V L S C B C V V I F L I I M W
P D P M K B K W T K C N T Q Y G V L P O
G E G C N C E N R P H S V F J C X W J O
Y H G K B O Y E U M O O K R C U L V G X
F G I C R X M X S T D E S D Y D E S A H
Q P B P U K O T S L W C M F H F Q J S A

41

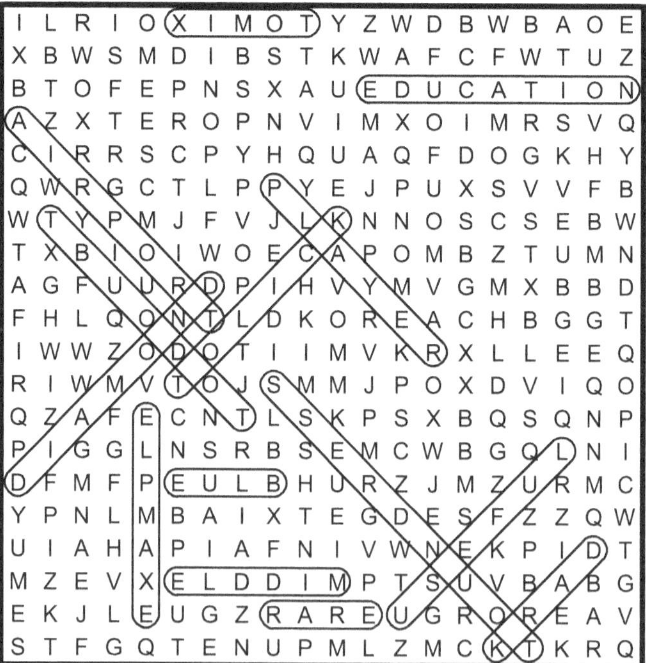

42

43

H	Z	C	M	G	O	Y	S	T	Y	X	M	Q	K	R	E	Y	V	Q	R
F	B	A	L	Z	P	V	M	E	V	M	A	O	Z	E	P	D	I	K	I
C	R	K	H	H	P	E	I	J	A	U	W	W	X	C	P	T	A	G	D
Q	I	D	X	D	G	E	U	T	W	B	H	T	P	G	P	A	L	B	P
D	D	F	R	D	L	G	S	I	I	C	H	Y	Z	U	F	D	W	A	S
V	G	T	T	H	I	C	T	W	E	X	D	A	V	O	R	H	H	R	S
S	E	C	U	Y	R	S	F	Q	U	P	Z	H	D	R	A	W	O	U	G
T	A	D	O	Z	X	V	Z	U	K	D	C	A	B	L	E	S	X	X	H
O	M	E	A	B	R	E	W	R	V	X	O	G	N	A	S	V	X	S	A
B	A	T	H	R	T	M	W	S	Q	D	Q	S	P	I	P	D	O	J	Y
Q	P	N	Z	A	G	Y	Q	H	W	G	R	E	C	M	I	R	D	K	E
K	C	G	V	B	M	P	U	P	P	P	J	S	Z	F	L	Y	I	P	C
L	D	I	N	F	P	S	L	N	U	U	G	Y	J	R	K	T	U	P	A
V	R	S	H	V	B	X	E	S	W	J	S	G	W	A	M	S	G	T	L
P	N	E	M	A	K	L	F	R	L	O	H	A	I	I	N	D	R	B	P
W	A	D	N	J	K	M	R	A	E	L	T	V	B	W	S	B	E	T	E
B	K	D	G	I	D	U	Q	M	Y	G	W	Y	G	P	R	L	R	M	R
F	F	F	W	V	F	S	V	C	H	C	A	T	T	A	O	T	K	A	O
I	G	N	X	Q	J	H	O	M	E	W	O	R	K	W	N	U	C	D	T
R	L	X	I	O	V	T	U	N	R	O	B	Z	W	K	L	O	U	X	G

44

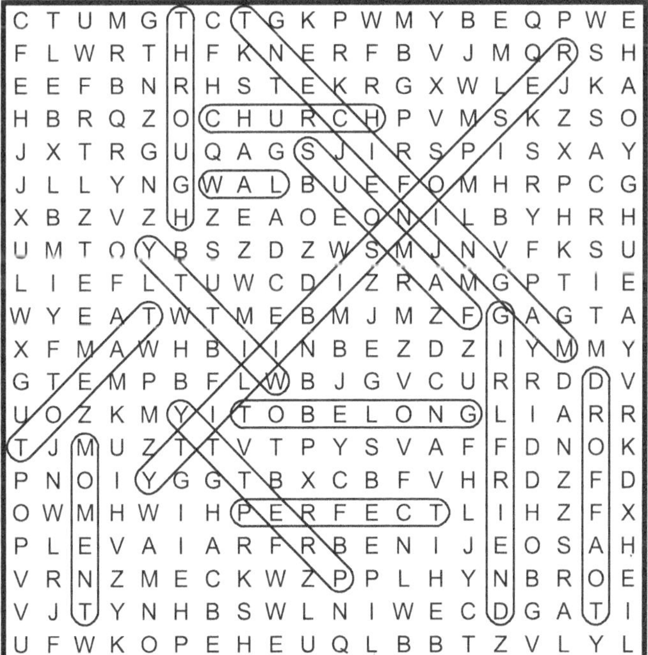

45

X	D	W	R	T	P	A	E	Y	E	N	Q	A	N	Y	Y	W	P	U	I
I	L	L	E	O	M	S	C	O	L	Z	P	H	L	A	P	H	J	U	K
H	C	L	V	O	A	V	E	I	N	O	Y	F	R	W	V	E	B	L	T
G	N	E	O	P	T	V	B	L	C	E	W	P	B	X	F	H	S	H	L
Y	U	O	S	E	S	Q	P	K	P	V	I	N	P	K	H	D	L	C	X
G	C	P	Q	N	C	D	E	L	T	L	I	V	T	Q	H	E	Z	L	E
Z	S	X	I	O	T	T	G	T	I	J	A	Z	C	A	K	W	T	B	C
F	U	Y	P	C	A	O	B	Q	R	T	N	F	X	F	E	N	R	H	M
Y	Y	Y	Z	B	A	U	Q	J	G	E	N	T	L	E	E	R	G	U	E
Y	K	P	P	Y	N	A	F	X	G	K	S	O	F	M	G	A	G	R	E
D	E	T	A	C	I	T	S	I	H	P	O	S	N	W	L	B	N	K	L
C	Y	T	K	Q	T	H	O	Y	H	K	T	O	E	F	C	V	A	I	W
O	N	C	A	T	U	D	V	T	O	R	R	F	G	D	J	N	Y	D	F
N	G	Y	N	R	O	X	J	D	D	I	T	C	L	T	S	E	N	D	E
A	D	L	U	Y	O	H	N	F	V	Q	W	P	F	M	S	G	G	Q	Z
W	Y	R	U	L	O	C	X	N	E	T	E	C	H	N	O	L	O	G	Y
A	N	G	J	W	Q	S	E	S	B	Y	Q	Z	I	O	D	A	Z	E	Q
U	E	V	C	A	U	N	I	D	B	D	U	N	J	A	O	D	O	M	U
G	M	I	T	L	W	H	W	J	O	M	X	T	O	C	D	D	D	N	O
E	J	M	E	O	I	H	O	O	Q	T	Y	R	T	V	B	B	I	Q	M

46

N	B	K	O	F	U	E	Y	M	J	U	C	Z	U	D	X	H	V	D	I
S	F	Y	V	U	Z	Y	F	K	L	B	I	M	O	O	F	T	C	K	U
Y	X	D	C	Q	B	F	E	L	P	R	U	P	E	X	S	Q	M	H	D
K	O	L	R	Q	H	H	Y	I	O	D	T	A	F	O	P	L	I	I	T
L	T	O	A	P	B	L	P	N	C	J	D	E	E	P	U	N	P	F	C
G	A	M	Z	V	J	I	F	V	N	V	U	Z	V	I	V	X	W	Z	O
W	W	B	Y	U	N	C	U	H	S	N	C	G	T	X	G	Q	T	U	T
R	I	A	R	E	H	T	A	E	W	M	I	X	V	G	D	M	W	Z	Q
G	F	J	K	C	F	M	Y	G	X	W	W	X	Z	B	W	H	M	J	Z
S	W	B	P	G	Y	E	U	R	X	T	Z	J	C	O	C	B	L	N	P
S	I	N	C	E	E	U	G	T	W	O	R	I	W	X	D	R	Q	W	T
P	L	R	A	U	J	J	G	G	Q	C	T	M	I	O	K	H	E	R	D
T	V	I	M	P	N	T	F	N	R	A	J	U	P	Z	H	L	Z	G	H
H	Y	O	F	A	P	V	Y	C	M	R	E	J	D	G	B	S	Q	Z	B
N	O	I	T	I	S	O	P	O	P	R	U	M	Y	A	O	K	F	A	H
J	P	N	C	N	D	W	T	C	Z	Y	E	E	R	E	V	D	V	I	L
S	P	O	O	N	P	U	M	P	E	G	F	O	M	I	S	W	V	O	A
Y	X	Y	X	I	A	Y	F	Z	F	E	D	A	Z	D	L	K	C	P	A
V	E	X	Z	E	X	X	Q	A	C	A	T	K	K	C	E	C	H	U	N
C	D	Y	U	J	Z	K	X	T	M	Y	G	U	C	B	P	U	W	R	M

47

G O X K A J V F K P H X H I P D W Z Z J
C Y S A E T Y E G U X A Z S I B W Q E L
Z U U K M W R Y D T I U T T W S R S M Y
E H R R N E Z T Q R E J E N S U G U I E
Y Y I T H C V O K T S S Q R J S F O A M
X J V F A U S A M O H W I D X I O U A O
A C Z E C I U V B Z D J Y W T G Z G U G
F L P S D T N H B E B F B A G L R I A Y
H V X D L G C Y M N F W W U M E O B D J
X W B Z O K Z G G U I P H K E F P M X Z
Q H N X X W H M L B J G H M K U B A U B
I H N E K W M F V O H H E L A J J E X U
V V P X E L G N A W C N H E L B F C X F
F C N M Y M Z R E G T I C Q W Q N P Y L
S W B K U S W G V Z P N V Q U I R K Y S
M E Z J P J G F Z X A U P Q H I U Q R B
Y R N I A R O I S D V F P G N A P L T L
I B I V X J K T O H W V G B X H O Q W B
F K D T O E N T E R F O D R U W S F X Z
J C Q C P O X Z M E R G N U S X O M P K

48

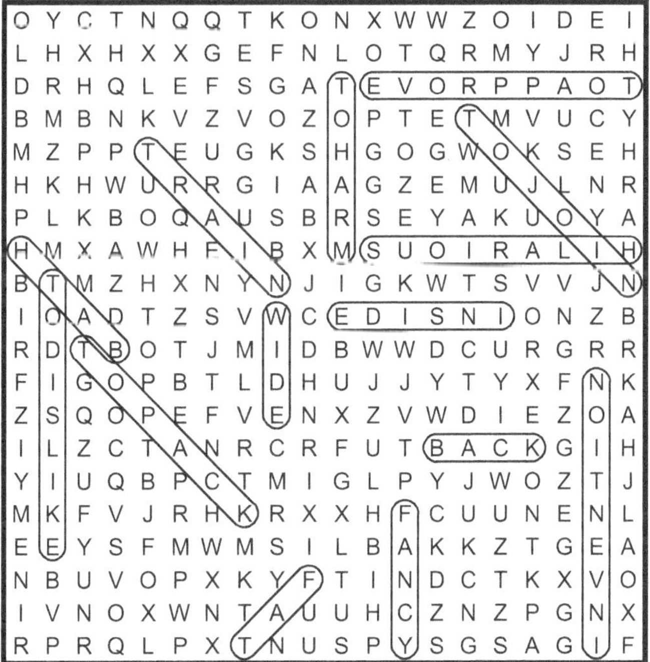

C F S P J T D L O G Y L B S M I T I X L
R U A F O F R G N L H J S O B B L A D Q
Z S D P T Y E O M A V L U N Z U T V T L
E Q O W S O S Y P O J T I Z C M B T O J
D U S K B Y S E K I H B B P G Y X B X T
R B V E S T H U I D N G D O G S P B L J
R W R N P Z I W B D N I M S Z A Y L P E
Z H B T I S E Z D T S W O I Q D O Z I U
J K S D L E T V X Y R W R N N M N X V D
U Z E G I J I R Z O J A F Z R I O V U K
X C W M W I C K W O I Z C B I O S B X Y
N Z P B X J T P G U W V D T L H W F Q C
H V E W A K M R E D E S L X L L M Q M B
I T G U C G F K V L J F F P Y H T W P T
W O R R O B O T A Y U Y Z Y N D K X O K
U P U O S U G M B N T E D J Z R L H V T
W O Q J F G E V S E R G L E R O T S X S
Y F W M M F H K F V O J O H T O G M H V
Z E Y D G M N A B Y I T X N N D I W R J
E M U L O V S T C C I F C Y M G U D T N

49

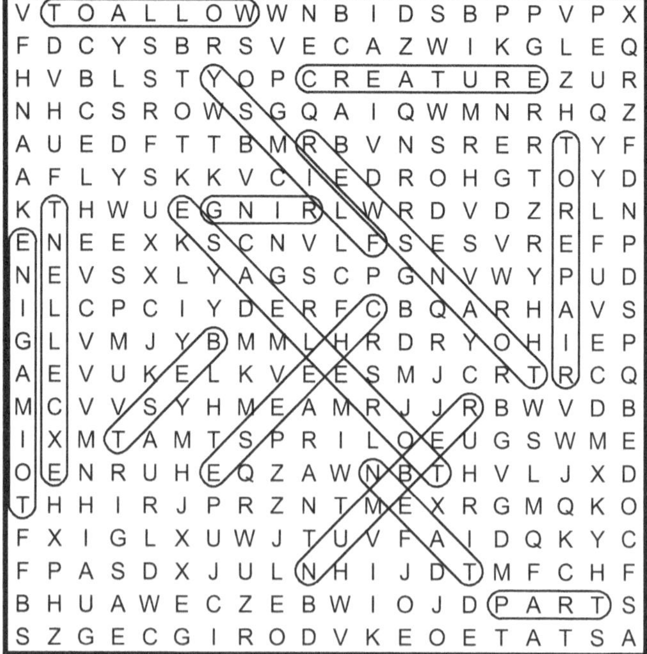

50

B Z R G J M L I R A E W R E D N U U T N
J I I K P R W B O R T O V A M L P Y X C
T Y J P O J U Z H H O F O S R U G S T A
Q I G L R T C B L Y W R Q Z A M E B G M
P A U A Z M S E E D A A R K O K X J R S
D K X R A K X U Q V R D I T S R L Y H C
U W W B F H Z B M P D O D R L E M H K Z
U X Q H V H I G N N S T O R P J L W I W
Y S D B E V N D F V G O J D P L R F P C
D K Q M N K J Z Y Y L H Y J N J A U Z O
D B R J O P B G J S V P C I A M Q N H V
F N X A B M G Z D A K I R E Z Z G M E S
I O S K T T Y T V O N G N Z R W L I W T
B L F U Q I L U F P O L B Y A L Y L K B
Y T Z W B X U M U T L H P C R V K L Y X
G H U X D N T G E S K F D L Z Q L P N I
Z G O E J B F R O C Y H Q L S O L Z D H
U I J Y W Y D A F I L T H Y I I W B P W
A T Q O F V N D T C Y I V Q F H K E J C
V U Z L G W V X W O W O H N O L C L W U

51

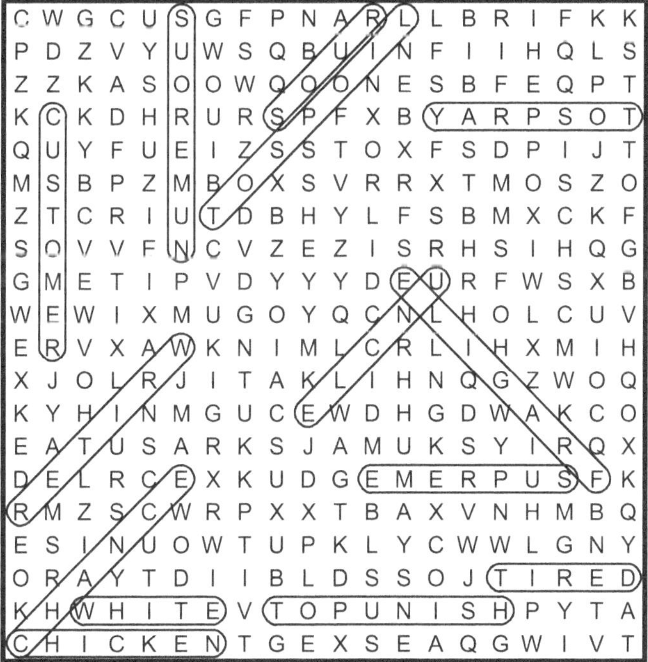

52

K	U	C	J	H	Q	R	K	V	Z	C	H	J	V	K	K	H	X	T	E
U	J	N	R	H	S	R	L	N	I	E	S	J	N	W	W	O	Q	C	K
S	L	K	H	J	C	O	E	D	J	A	I	V	X	W	G	P	A	V	M
Q	T	Z	M	K	X	G	Z	I	W	P	F	Q	C	D	D	P	O	Z	N
X	O	I	X	H	S	F	S	E	H	K	W	Z	V	H	S	A	F	Q	E
R	E	M	B	E	Y	E	S	P	T	Z	Z	G	V	W	E	C	A	X	K
M	T	A	B	S	J	O	G	L	K	U	U	P	U	B	A	O	M	R	A
K	I	H	N	Y	M	U	Q	G	B	E	K	A	F	V	Q	B	I	H	E
X	J	R	J	E	T	X	G	L	T	T	L	B	E	I	D	W	L	N	L
U	E	F	K	K	U	M	J	I	Y	L	D	R	A	W	O	C	Y	D	B
T	C	Y	A	V	R	D	U	O	K	J	D	B	T	Z	C	D	X	G	A
X	B	H	K	A	H	S	P	E	C	I	A	L	V	X	A	V	T	E	T
A	X	F	D	V	N	G	O	O	U	C	V	L	S	A	H	Y	G	P	E
V	Z	V	B	Q	C	W	T	O	M	V	Q	J	T	R	S	D	Z	Q	G
M	B	B	N	L	X	F	J	L	G	E	A	Y	S	A	A	I	D	G	E
S	H	H	M	B	T	P	I	X	W	V	M	P	J	B	E	X	E	D	V
R	J	H	X	Y	R	J	Q	H	Z	H	K	M	D	Q	C	H	C	Q	E
A	B	U	Z	F	D	F	U	O	V	U	S	U	E	U	P	B	C	M	E
T	V	G	U	T	N	F	C	B	Y	F	E	R	G	Q	Y	S	G	O	S
F	H	C	F	S	C	P	K	C	M	G	C	G	V	P	N	N	S	J	T

53

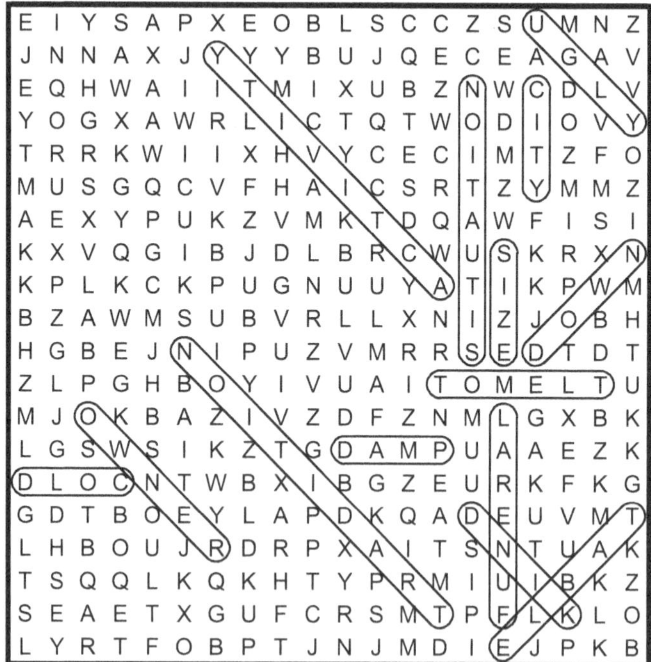

E	I	Y	S	A	P	X	E	O	B	L	S	C	C	Z	S	U	M	N	Z
J	N	N	A	X	J	Y	Y	Y	B	U	J	Q	E	C	E	A	G	A	V
E	Q	H	W	A	I	I	T	M	I	X	U	B	Z	N	W	C	D	L	V
Y	O	G	X	A	W	R	L	I	C	T	Q	T	W	O	D	I	O	V	Y
T	R	R	K	W	I	I	X	H	V	Y	C	E	C	I	M	T	Z	F	O
M	U	S	G	Q	C	V	F	H	A	I	C	S	R	T	Z	Y	M	M	Z
A	E	X	Y	P	U	K	Z	V	M	K	T	D	Q	A	W	F	I	S	I
K	X	V	Q	G	I	B	J	D	L	B	R	C	W	U	S	K	R	X	N
K	P	L	K	C	K	P	U	G	N	U	U	Y	A	T	I	K	P	W	M
B	Z	A	W	M	S	U	B	V	R	L	L	X	N	I	Z	J	O	B	H
H	G	B	E	J	N	I	P	U	Z	V	M	R	R	S	E	D	T	D	T
Z	L	P	G	H	B	O	Y	I	V	U	A	I	T	O	M	E	L	T	U
M	J	O	K	B	A	Z	I	V	Z	D	F	Z	N	M	L	G	X	B	K
L	G	S	W	S	I	K	Z	T	G	D	A	M	P	U	A	A	E	Z	K
D	L	O	C	N	T	W	B	X	I	B	G	Z	E	U	R	K	F	K	G
G	D	T	B	O	E	Y	L	A	P	D	K	Q	A	D	E	U	V	M	T
L	H	B	O	U	J	R	D	R	P	X	A	I	T	S	N	T	U	A	K
T	S	Q	Q	L	K	Q	K	H	T	Y	P	R	M	I	U	I	B	K	Z
S	E	A	E	T	X	G	U	F	C	R	S	M	T	P	F	L	K	L	O
L	Y	R	T	F	O	B	P	T	J	N	J	M	D	I	E	J	P	K	B

54

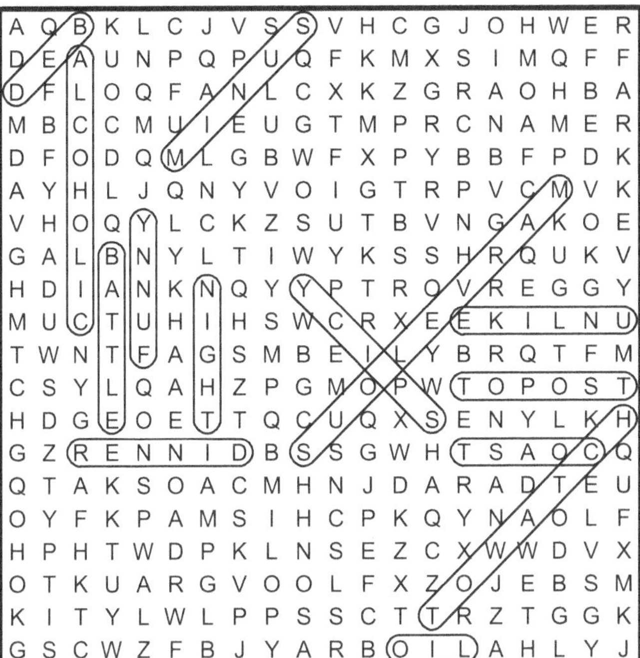
A Q B K L C J V S S V H C G J O H W E R
D E A U N P Q P U Q F K M X S I M Q F F
D F L O Q F A N L C X K Z G R A O H B A
M B C C M U I E U G T M P R C N A M E R
D F O D Q M L G B W F X P Y B B F P D K
A Y H L J Q N Y V O I G T R P V C M V K
V H O Q Y L C K Z S U T B V N G A K O E
G A L B N Y L T I W Y K S S H R Q U K V
H D I A N K N Q Y Y P T R O V R E G G Y
M U C T U H I H S W C R X E E K I L N U
T W N T F A G S M B E I L Y B R Q T F M
C S Y L Q A H Z P G M O P W T O P O S T
H D G E O E T T Q C U Q X S E N Y L K H
G Z R E N N I D B S S G W H T S A O C Q
Q T A K S O A C M H N J D A R A D T E U
O Y F K P A M S I H C P K Q Y N A O L F
H P H T W D P K L N S E Z C X W W D V X
O T K U A R G V O O L F X Z O J E B S M
K I T Y L W L P P S S C T T R Z T G G K
G S C W Z F B J Y A R B O I L A H L Y J

55

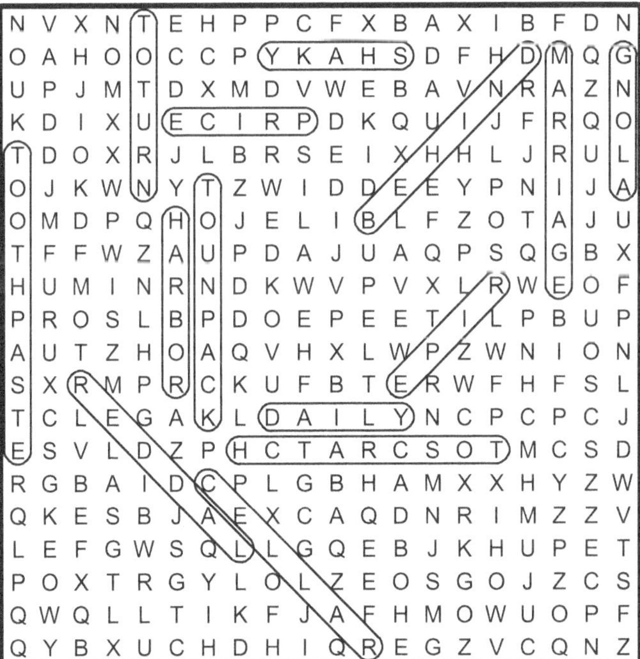
N V X N T E H P P C F X B A X I B F D N
O A H O O C C P Y K A H S D F H D M Q G
U P J M T D X M D V W E B A V N R A Z N
K D I X U E C I R P D K Q U I J F R Q O
T D O X R J L B R S E I X H H L J R U L
O J K W N Y T Z W I D D E E Y P N I J A
O M D P Q H O J E L I B L F Z O T A J U
T F F W Z A U P D A J U A Q P S Q G B X
H U M I N R N D K W V P V X L R W E O F
P R O S L B P D O E P E E T I L P B U P
A U T Z H O A Q V H X L W P Z W N I O N
S X R M P R C K U F B T E R W F H F S L
T C L E G A K L D A I L Y N C P C P C J
E S V L D Z P H C T A R C S O T M C S D
R G B A I D C P L G B H A M X X H Y Z W
Q K E S B J A E X C A Q D N R I M Z Z V
L E F G W S Q L L G Q E B J K H U P E T
P O X T R G Y L O L Z E O S G O J Z C S
Q W Q L L T I K F J A F H M O W U O P F
Q Y B X U C H D H I Q R E G Z V C Q N Z

56

57

V O R M T P H T U B S X D Z Z Q F A S Y
M E R V P P D T K I X U V G D J D C Y C
W T W L B G P P X O H B Z M L M H N P R
Q A X O A A H G F P Q Q E L G N A I R T
U R F S M A G A Z I N E L A D S B I Q P
A T Y B K Z I E V P Y L I A G R B W B F
R N Q W N L P L Q Q E Y V G E Y P O F T
T E N I U F A P X Y V Z L E M K T V Y N
E C B R Z Q Z D O I I L G V F O C C T W
R N E V C Z T T U F J H J O P X L I E D
P O M A R E M Q Q A F Q M R P B O R R D
I C Q T R M G R W H U J E P T X T D O R
C O G C Q G C T Q O C S N P L P H Q F J
I T Z H F G E K J N S F S A C I E Q E P
W V S P U P Q E T A L L B S P T S L B K
K Z Z Q O B S T S C G V N I W S D U W Z
D H E P I K Q Y D L E G M D S V W G Z A
P U O R G O I I X O V S Q O J A I O L N
V X D G C E E C X V S K U T N W S K R T
X R U V A V A I L A B L E G F E H A Y L

58

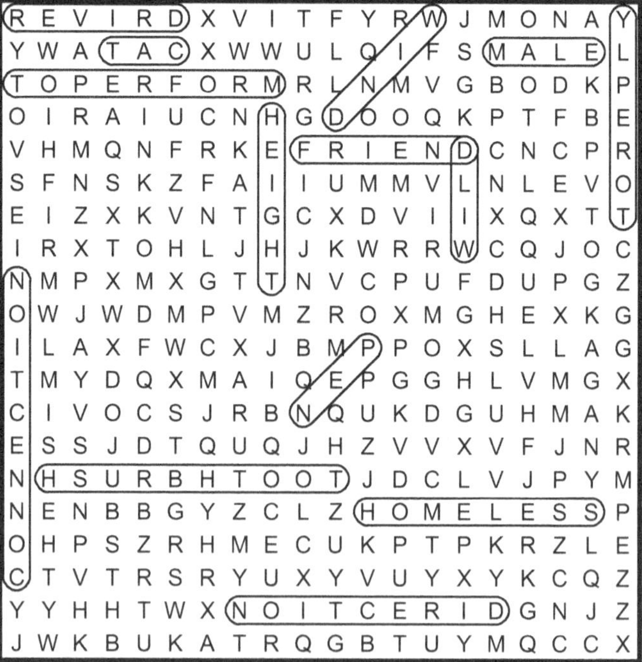
R E V I R D X V I T F Y R W J M O N A Y
Y W A T A C X W W U L Q I F S M A L E L
T O P E R F O R M R L N M V G B O D K P
O I R A I U C N H G D O O Q K P T F B E
V H M Q N F R K E F R I E N D C N C P R
S F N S K Z F A I I U M M V L N L E V O
E I Z X K V N T G C X D V I I X Q X T T
I R X T O H L J H J K W R R W C Q J O C
N M P X M X G T T N V C P U F D U P G Z
O W J W D M P V M Z R O X M G H E X K G
I L A X F W C X J B M P P O X S L L A G
T M Y D Q X M A I Q E P G G H L V M G X
C I V O C S J R B N Q U K D G U H M A K
E S S J D T Q U Q J H Z V V X V F J N R
N H S U R B H T O O T J D C L V J P Y M
N E N B B G Y Z C L Z H O M E L E S S P
O H P S Z R H M E C U K P T P K R Z L E
C T V T R S R Y U X Y V U Y X Y K C Q Z
Y Y H H T W X N O I T C E R I D G N J Z
J W K B U K A T R Q G B T U Y M Q C C X

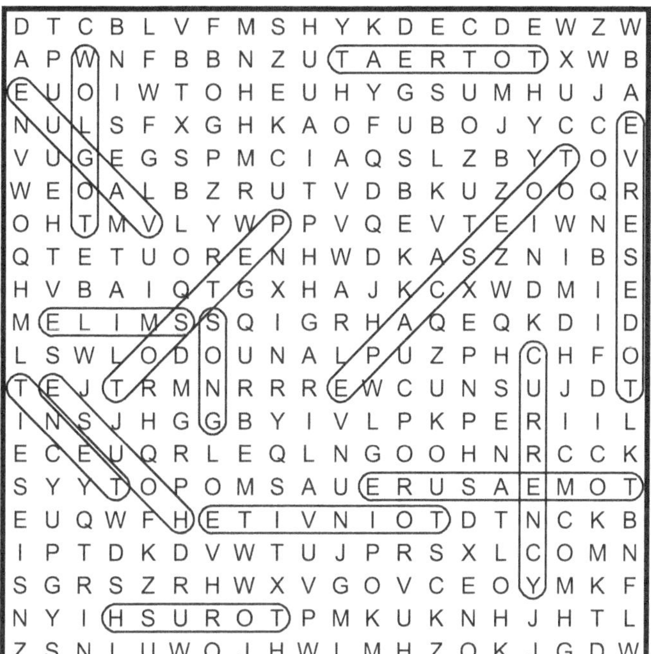

59

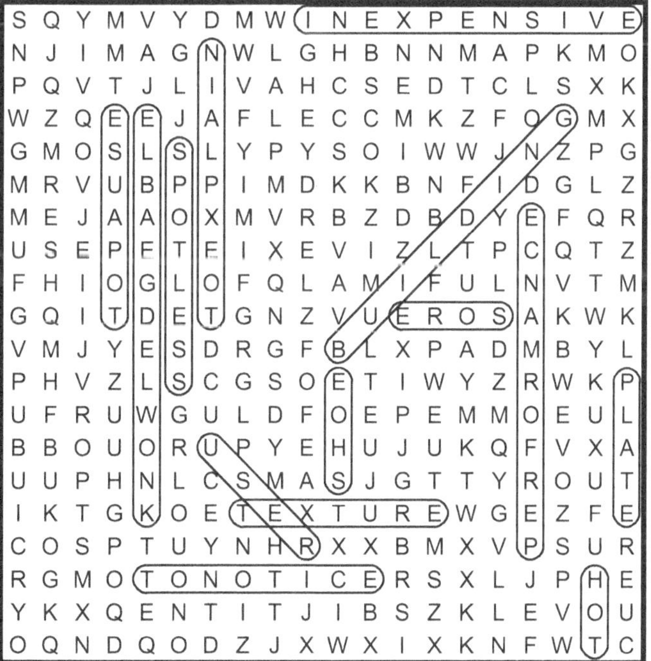

60

P B I L R C P C N L N Q K T T D E E D Y
M V R V U M K S Q P F F A B H N F A R N
W U G P C I P O T X I N W W M H Z J I F
T R Q I O V M A O V S I L E B Y A F K G
R R B E A B E T H T V C A P A H K A E X
Q R D F U T Z B U N E E D L E D B X Q V
Z X J T E Y G D N I Y G G C Z E Z M O L
G F T E L G E X T C O W N Z W I D K I V
Z E F L Q N S J R L E C S K R X N O C R
R O W I T I C K E T I Y T Q K U E S W G
D Y F M N A T R R O P X K H W V H R R S
R V P S O F F U S X Q R U X T Y C N F Q
K H X O B D N S E R W J E A X J P U R V
W V E T P L D X U A J B O Y B H W P Y A
L W H T I W G W R C Z M O T X S D Z E X
R P I S L A R T Y Y C F R G F C N P A G
B W W Z O M E Y F L A E L E I J O P O C
A O H I G F E J C T O C S E Z R Y G D U
T M B N Q B N R E N N I W S R L E P I O
S P K U O K Z V R E L I G I O N B J V K

61

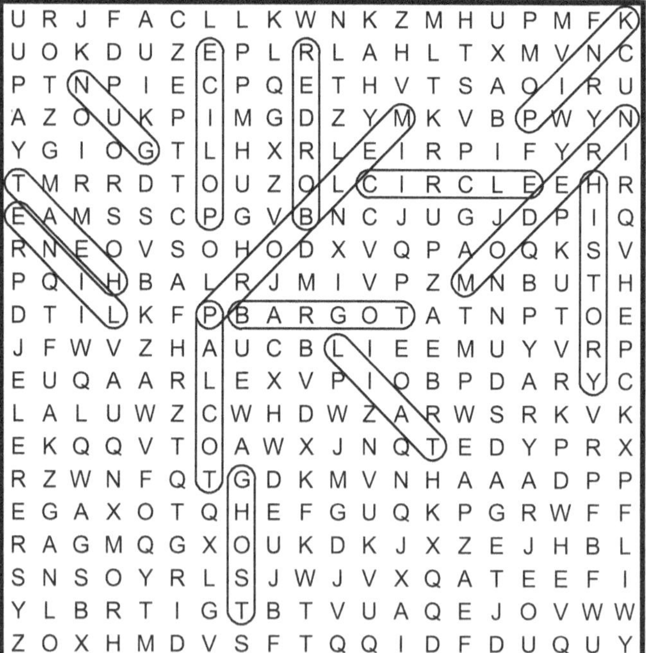

62

Z N S F R L G V T B I E H N P B B C D R
R R B M D D Y D Y A D I O O W C F Q T E
E R X V W Y M Q K U L I Z T P D Q B M F
D R Q O O F W Y G U T I R O C E G B U R
N P Q I Q K O X I I X A K S K K M T D I
U D T Y L R A E T J L R N Z L U A Q U G
F N Z S Z I Z E J Q Q G H V C L N T G E
T D J C N R P B I T E S I Z E D A W A R
L S U F K M W A B N P Z F K G I G Q J A
C R J C O B S D L O C B A E C P E N Z T
E B I C K B E A Z D Z G F O F H R U J O
N X A T C Y Q R U F N W I Q L T Z G C R
J Q F H R P I Y J O I U I I O N L D T G
N L N K Q L A H H Q G Z O C W Z H M V G
Q J S T M R Q K P P U T Q S E M O R F U
D O T Z D R Q H S F S D A Y R E M N P B
N C T E Y U K I O D H T S S L B R M X K
N E Y O E N M H Q P N N D P O C C T O B
Q F H Z B W D G T G C O O V K D E U I G
S Y K C U L S Z L J I P E H Y W X H Q M

63

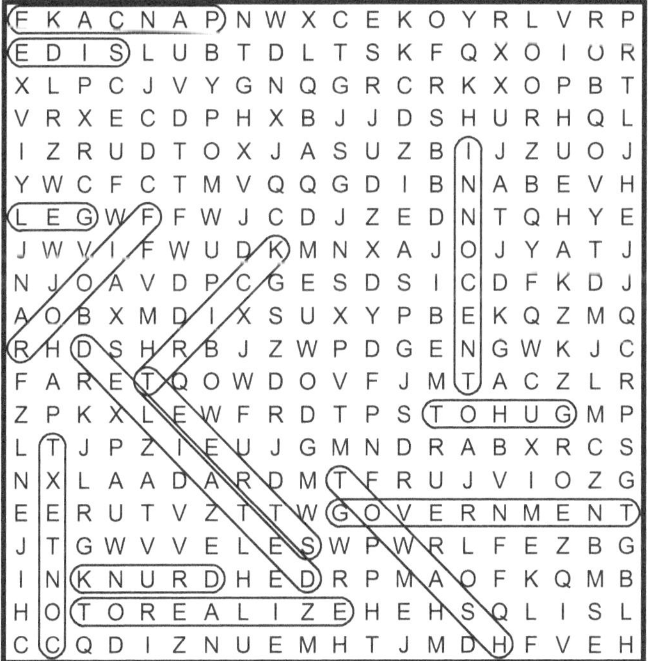

64

A W B C B Y C G N R G H W U Q V X H C J
Z Y Z L P S C D T G E R E N P H Q B T M
Y B Z O W Y R R W P T T U A L J T U C B
C A B Q R C N U P Z B H N P L N Y U F F
L B V B I R W W R V O U Q E V T I Z R I
O B B A D E S H Z G E U O I P R H D N E
C W O J S C B O P Q H C F L Q R N Y P I
A Q Q R R O T A L U C L A C E T A A X H
T J V W F T M D A U P L A W T A X C F Q
I Z H P H E R C G H T P M A J V W U J A
O G M T U O M V M P X I M O Z P Z T H S
N B I Y W F N U M W C A O V Q S K M U H
D Z W T K T K F W X X Q Q N M E S S Y N
C R S L O U T S F E E L J C F N W F C P
Q N O Z E F G Q R N O U M K Z E Q G Q Y
R R T W C V O N P P X N O B N Y H E F D
E Q J E L Z J R I O P D L P I R F M M E
E Y C W I L C V C Z X R E G Y H I I G E
Q Y E R H O T Z O E C N E R E F F I D M
J W A P J U C R D D W X K V Q G I K E V

65

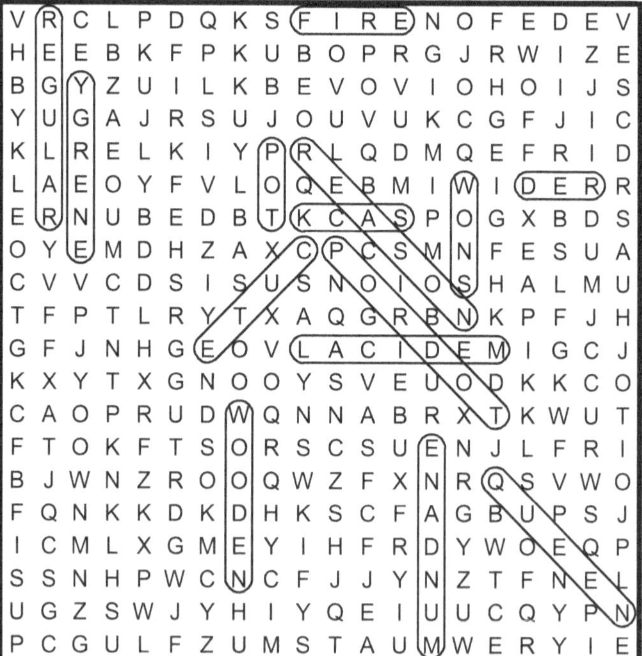

66

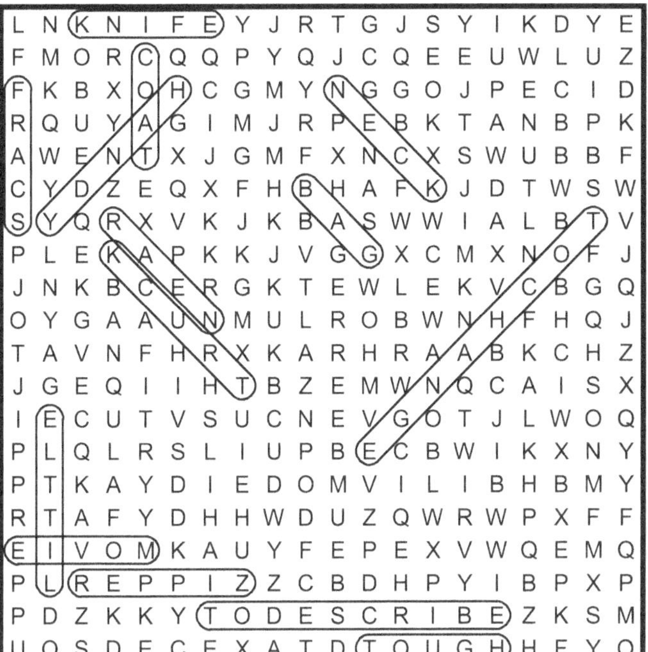
L N K N I F E Y J R T G J S Y I K D Y E
F M O R C Q Q P Y Q J C Q E E U W L U Z
F K B X O H C G M Y N G G O J P E C I D
R Q U Y A G I M J R P E B K T A N B P K
A W E N T X J G M F X N C X S W U B B F
C Y D Z E Q X F H B H A F K J D T W S W
S Y Q R X V K J K B A S W W I A L B T V
P L E K A P K K J V G G X C M X N O F J
J N K B C E R G K T E W L E K V C B G Q
O Y G A A U N M U L R O B W N H F H Q J
T A V N F H R X K A R H R A A B K C H Z
J G E Q I I H T B Z E M W N Q C A I S X
I E C U T V S U C N E V G O T J L W O Q
P L Q L R S L I U P B E C B W I K X N Y
P T K A Y D I E D O M V I L I B H B M Y
R T A F Y D H H W D U Z Q W R W P X F F
E I V O M K A U Y F E P E X V W Q E M Q
P L R E P P I Z Z C B D H P Y I B P X P
P D Z K K Y T O D E S C R I B E Z K S M
U Q S D E C E X A T D T O U G H H F Y O

67

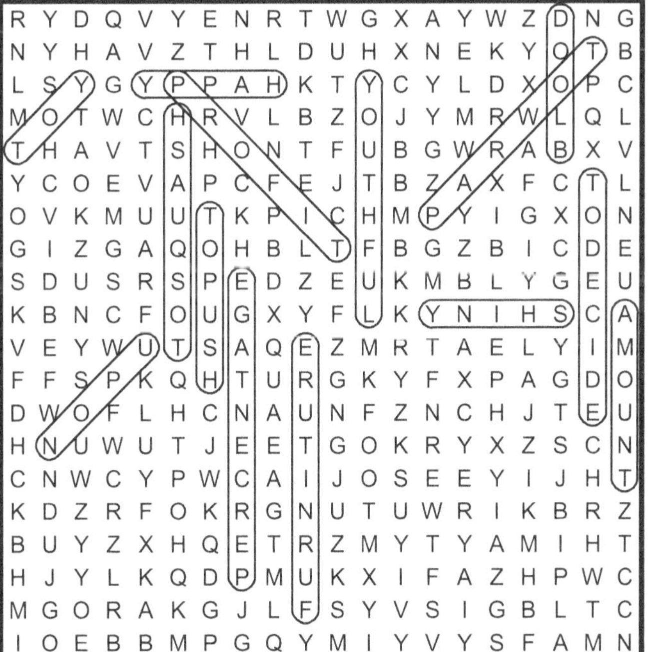
R Y D Q V Y E N R T W G X A Y W Z D N G
N Y H A V Z T H L D U H X N E K Y O T B
L S Y G Y P P A H K T Y C Y L D X O P C
M O T W C H R V L B Z O J Y M R W L Q L
T H A V T S H O N T F U B G W R A B X V
Y C O E V A P C F E J T B Z A X F C T L
O V K M U U T K P I C H M P Y I G X O N
G I Z G A Q O H B L T F B G Z B I C D E
S D U S R S P E D Z E U K M B L Y G E U
K B N C F O U G X Y F L K Y N I H S C A
V E Y W U T S A Q E Z M R T A E L Y I M
F F S P K Q H T U R G K Y F X P A G D O
D W O F L H C N A U N F Z N C H J T E U
H N U W U T J E E T G O K R Y X Z S C N
C N W C Y P W C A I J O S E E Y I J H T
K D Z R F O K R G N U T U W R I K B R Z
B U Y Z X H Q E T R Z M Y T Y A M I H T
H J Y L K Q D P M U K X I F A Z H P W C
M G O R A K G J L F S Y V S I G B L T C
I O E B B M P G Q Y M I Y V Y S F A M N

68

69

X E Z T X E A E L L R Q S R W B K O U K
E F Z H E A N K O X C B F T O A G L E E
N Z F W R O R N W Z Y V O T R O Q M E N
Y K P N J H V J K I P V T D D A Y Q A I
U S G L F X Z H C L X L Y J C U W B V O
U U X B A F C A B P E M T V H K O Z T B
U I C I I X N O I S I V E L E T J U N J
U X I T O C F R K C L U Q W R I S T E B
A W P W X C O Z T A S Y L M O U H G V J
G I A E Z D H Y U E U A H K M J X N N L
F T Q M H H T O L B D L G T T J N W I R
A T A L E N P E R J A C M B X N O F O Y
O F O J A F S L Y U Q C A L U N T I T H
I D I Z L S W T B H T L X Q T T O H U M
M H Z T T B I M F B T O S N O R E E H J
A X G S H L X D O D E E S C S G R R A V
T R V I A P N H F A K E C T U J V A H Z
A P K U E G N A R T S D C E A R I W L R
M C Q B J R A J L V I H S Y O Y I H T T
N L Q H M U O S L C Z T J W Z S O D Z S

70

F N A V N M D X W B B K P V B K D E A V
J F N R Q B B A I H T S V G C E Q W D K
O M Q O W I Y I S R L U Y E F C E V M B
T T W F R M R U K H Q L G A W K N N F K
R E D N U H T M J F E P I A U L W U Y S
N T U Y Y X V I W M W R H V F W M A V D
P S H N B M N J T N Y K D E F G T X U T
S A V D W H N X X E C P O R Q C J X X S
B T K R B Y A Q A M C W V A Y A P P R N
R M T N A L A H C N O N S G F F X I N N
O X F T Y V V V J F D K Y E W O K H L L
K G Q X F Q R C X B A N M N O D K S P V
E Q S X H O I K J U E U N K K E K N Z Q
N Y Z X T N I T M U H I Z I Y X C O E D
R P I A F H V Q G Q W O E E R Z O I O Q
B I O N T U W Q M S Q P E N O Z H T Y I
G B F R F H R P C M X F N G T H S A C D
V R Z H C N C D S O J W T I S W O L A Q
F X L J D P O T A T O U R N U B T E H M
N H X F F X S U K L N C Y E P I F R K N

PLUS DE DIALOG ABROAD

www.ingramcontent.com/pod-product-compliance
Lightning Source LLC
LaVergne TN
LVHW091458190726
843491LV00007B/2028

* 9 7 8 3 9 8 5 5 2 2 6 8 2 *